英単語イメージハンドブック

大西泰斗＋ポール・マクベイ

青灯社

装幀　木村 凛
「おわりに」イラスト　三加茂ぴこ

はじめに

　みなさんこんにちは。大西泰斗です。

　英語学習でどうしても避けて通れないのは「基本語彙」——非常に頻繁にあらわれ、さまざまな意味で使われる単語たち。冠詞・基本動詞・助動詞・前置詞などなど、この厄介な単語たちをどう身につけるかは、ある意味、最終的な英語能力を左右します。

　基本語彙の習熟がむずかしい理由は、日本語訳や用法を暗記するだけではダメだ、その一点にあります。たとえば go に対応する日本語訳は「行く」だけではありません。「去る・変える・死ぬ・辞める（ある状態に）なる・言う・（〜と）書いてある・通用する・動作する」などなどいくらでもあります。冠詞の the 。詳しい文法書を見ると「前の文脈を受ける・唯一のもの指す・新聞名などにつく」などなど、山ほどいろいろな用法が書いてあります。すべて暗記することはできませんし、バラバラに暗記したからといって英語は少しもうまくなりません。

　こうした困った事態を克服する唯一の方法として、私が提唱してきたのは「イメージで学習する」という方法論です。

　どの単語にも、その単語独自の中心的な意味・感触・手触りがあります。それがイメージ。それさえつかめば、日本語訳を暗記しなくても、用法を苦労して身につけなくても、その単語のすべてが流れ込んでくる——それがイメージです。この 10 年以上、私たちが主に関わってきたのは、さまざまな基本語彙のイメージを探し、洗練する作業でした。イメージ関連の著作は 12 冊に上ります。だけどね。

　最近は「いくらなんでもそんなにたくさんあんたのほんはかえないよ」と言われることが多くって。ううう。ごめんなさいっ。

　というわけで、本書はダイジェスト版。今までいろんな本に散らばっていた重要なイメージを一冊にまとめた、というわけです。ダイジェストとはいっても重要な説明は一切省いていません。私たちが長年あたためてきた「イメージの英語学習」、じっくりお楽しみくださいね。「なーんだ、こんなことだったのか」——英語がスッキリと見えてくるはずですよ!

　さあ、はじめましょう。

大西泰斗／Paul C. McVay

目次

はじめに――3

Chapter 1. 名詞関連のイメージ――7

数えられる・数えられない――9
単数・複数――14
英語の冠詞類――17
■無冠詞―18 ■THE―20 ■A（N）―28 ■ALL―32
■EVERY―33 ■EACH―34 ■ANY―35
■SOME―37 ■SEVERAL―41 ■NO―42

Chapter 2. 動詞関連のイメージ――43

1.移動に関わる基本動詞――45
■GO―45 ■COME―47
■「移動」をあらわすその他の動詞―50

2.入手・授与をあらわす基本動詞――52
■TAKE―52 ■GET―55
■「入手」をあらわすその他の動詞―57 ■GIVE―59
■「授与」をあらわすその他の動詞―61

3.創造をあらわす基本動詞――62
■MAKE―62 ■「創造」をあらわすその他の動詞―64

4.状態・位置にかかわる基本動詞――67
■HAVE―67 ■「所有」をあらわすその他の動詞―69
■PUT―70 ■「配置」をあらわすその他の動詞―71

5.対人・コミュニケーションに関わる基本動詞――72
■SPEAK―72 ■TALK―73 ■「話し合い」をあらわすその他の動詞―75 ■SAY―76 ■TELL―77 ■ASK―78 ■「相手への働きかけ」をあらわすその他の動詞―79 ■LET―80
■「許可」をあらわすその他の動詞―81

6. 知覚・思考に関わる基本動詞——82

■LOOK—82 ■WATCH—84 ■SEE—85 ■LISTEN—87
■HEAR—88 ■「5感」をあらわすその他の動詞—89
■FIND—91 ■「見つける・気づく・わかる」をあらわすその他の動詞—92 ■KNOW—93 ■THINK—96 ■BELIEVE—96
■「思う」「信じる」をあらわすその他の動詞—97
■WANT—102 ■思考をあらわすその他の動詞—103

Chapter 3. 助動詞関連のイメージ——105

■MUST—107 ■MAY—109 ■CAN—111 ■WILL—115
■SHALL—118 ■SHOULD—121 ■HAVE TO—123
■BE GOING TO—124
■HAD BETTER (HAD BEST)—127 ■USED TO—127

Chapter 4. 前置詞関連のイメージ——129

■ABOUT—131 ■ABOVE—133 ■ACROSS—134
■AFTER—135 ■AGAINST—137 ■ALONG—138
■AMONG—139 ■(A)ROUND—140 ■AT—142
■BEFORE—144 ■BEHIND—145 ■BETWEEN—146
■BEYOND—147 ■BY—148 ■DURING—150
■FOR—151 ■FROM—153 ■IN—155 ■INTO—157
■OF—158 ■ON—162 ■OVER—166 ■TO—168
■TOWARD(S)—175 ■THROUGH—176 ■UNDER—177
■WITH—178 ■WITHIN—180 ■WITHOUT—181

Chapter 5. 接続詞関連のイメージ——183

■AND—185 ■OR—186 ■BUT—187 ■SO—189
■BECAUSE—191 ■SINCE—192 ■AS—193
■THOUGH・ALTHOUGH—196 ■IF—197
■WHETHER—200 ■WHEN—201 ■WHILE—202

Chapter 6. ときのイメージ——205

現在形——209

過去形——212

（現在・過去）進行形——216

現在完了形——223

Chapter 7. 重要なその他の表現——231

強調表現——233

頻度表現——236

可能性表現——238

副詞——240

■JUST—240 ■EVER—242 ■EVEN—245
■ALREADY—246 ■YET—246 ■NOT—248
■THERE+BE—253

代名詞——255

■THAT—255 ■IT—259

索引——265

おわりに——270

Chapter 1
名詞関連のイメージ
Noun-related images

「名詞」とはモノをあらわす表現のこと。英語は日本語と比べ、はるかに繊細にモノを表現することばなのです。

ネイティブはモノを表現しようとするとき、日本語にはないいくつかの判断を加えます。①表現したいモノが「数えられるのか」それとも「数えられないのか」②数えられるなら、それが「単数か複数か」の区別です。さらに冠詞を加えることによって、そのモノが「どういった」モノであるのか、具体的に詳細に示します。

うん。慣れるのはとってもたいへん。だけどね、この章で取り上げるそれぞれのイメージをしっかりと身につければ、それは越えられない壁ではありません。楽しみながら読み進めてくださいね。

●名詞関連のイメージ●

数えられる・数えられない

可算

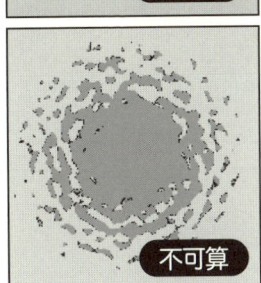
不可算

■基本イメージ

かたちがあるかどうかの区別

ネイティブが加える繊細な「モノ」に対する判断。その1つがこの「数えられる（可算）・数えられない（不可算）」の区別です。可算・不可算にはそれぞれ次の特徴があります。

①不可算の場合複数形にはならない

| I like **dogs**. | [×] I have **waters**. |

②可算名詞（単数）は冠詞抜きで出てこない

| [×] I have **dog**.
[○] I have **a dog**. | I have **water**. |

③「多い・少ない」のあらわし方がちがう

| I have **many** dogs.（数が多） | I have **much** water.（量が多） |
| I have **a few** dogs.（数匹） | I have **a little** water.（量が少） |

もちろんこんな「特徴」を覚えることはありませんよ。そりゃ数えられなければ複数形にはならんだろうし、数を基準にする many や a few なんて単語は使えるわけがないからね。大切なのはこんなことじゃない。「何を基準に可算・不可算を分けるのか」、ネイティブの基準を身につけることが大切なのです。

　可算・不可算の区別は、ネイティブにとって覚えるものではありません。「この単語は可算・あれは不可算」などと単語ごとに決まっているわけではないからです。可算・不可算を区別するイメージ。それは「かたち」。クッキリした輪郭をもっているかどうかです。

    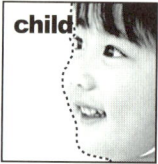

　かたちのあるものは可算。water（水）、coffee（コーヒー）、oil（油）、wine（ワイン）などの液体にはかたちがありません。だから不可算。cheese（チーズ）、light（光）や、love（愛）、happiness（幸福）などにもクッキリとしたかたちはありませんよね。したがって不可算。

　可算・不可算の別は—しつこいようですが—単語によって決まっているわけではありません。

ⓐ There's **a pumpkin** in the basket.
（カゴにカボチャが1つ）
ⓑ There's too **much pumpkin** in the soup.

(スープにカボチャがたくさんはいりすぎ)

「かたち」がある pumpkin は可算、溶けてスープになったら不可算。「かたち」——それがネイティブのもつ基準なのです。

Check Point 1. 「かたち」は意識の問題 ①かたちがない見方

可算・不可算を分ける「かたち」。それは意識の問題です——かたちが感じられているかどうか。私たちが普段「かたちがある」と考えている具体的な事物も、見方によっては、かたちがないと感じられることがあります。

ⓐ We have **two hands**. (私たちには2つの手がある)
ⓑ All our products are made **by hand**.
　(私たちの製品はすべて人の手で作られています)

もちろん具体的なモノとしての hand は可算(ⓐ)ですが、ⓑは不可算。その理由がわかりますか? それは、かたちが意識されていないから。by ～ は「方法(how)」。ⓑの文は「手(という方法で)作られている」ってこと。具体的な—かたちある—「手」を思い浮かべてはいないから不可算となるのです。by bus, by train, by e-mail (バスで、電車で、メールで)。ほらもう不可算の理由がわかるでしょう?

☞ **BY (p.148)**

ⓒ There are **many schools** in London.
　(ロンドンにはたくさん学校がある)
ⓓ I went to **school** in London.
　(ロンドンにある学校に通っていた)

学校という「建物」はもちろん可算(ⓒ)。建物は数えられます

からね。ⓓは建物が意識されているのではありません。go to school は「学校教育を受けた」ということ。クッキリとしたかたちのない「学校」が意識されているからこそ不可算になっているのです。

ⓔ Our **rooms** are beautifully decorated.
（僕らの部屋はきれいに飾りつけられているよ）
ⓕ There's **room** for another bed in here.
（ここにもう 1 つベッドをおくことができそうだね）

room は、「かたち」への意識をハッキリと見せてくれる単語です。room は「空間」ということ。区切られた、かたちある意識でとらえられれば「部屋」（ⓔ）。かたちがなければ「空間・余地」（ⓕ）。

hand、school、room。かたちへの意識──それがネイティブの可算、不可算への第一歩なのです。最後に次の例を見てみましょう。みなさんならどちらの形を使いますか？

ⓖ We're having **a lamb/lamb** for dinner.
（夕食は仔羊（ラム）だよ）

はは。私なら lamb。「仔羊の肉」にはかたちがないからね。a lamb だと……、むぅ。儀式か。儀式にまるごと 1 頭使うのか。そーゆーダイナミックなものは食べません。普通。

Check Point 2.　「かたち」は意識の問題　②かたちがある見方

先ほどとは逆の例です。「かたちを意識しているかどうか」に気がつけば、そもそもかたちがないモノ・具体的な事物でないものが可算で使われる理由がわかってくるはずです。

ⓐ **Conversation** is important.
（会話は大切です）
ⓑ I had **an interesting conversation** with him.
（彼とおもしろい会話をした）

●名詞関連のイメージ●

「会話（conversation）」は手に取ることも、目で見ることもできません。ではなぜ下の文は可算で使われているのでしょうか。それは具体的な会話―始めがあって終わりがある―が意識されているから。具体的な会話には、ほら、クッキリと「かたち」を感じることができますね。

ⓒ He has **enough experience** for the job.
（彼はその仕事に十分な経験がある）

ⓓ I had **an unforgettable experience** in London.
（ロンドンで忘れがたい経験をした）

「経験」。やはり手に取ることはできません。ですが下の文では具体的な経験がクッキリと意識されています。具体的でかたちが感じられるから an experience と可算となるのです。

Check Point 3. 「かたち」は意識の問題　③種類からかたちへ

かたちが意識されるのは、具体性があるときだけではありません。「種類」が意識されるときも同じことが起こります。wineを取り上げましょう。

ⓐ I had **a lot of wine** yesterday.
ⓑ They have **a lot of wonderful wines** in this restaurant.

wine は普通不可算。液体ですからね、かたちはありません（ⓐワインをたくさん飲んだ）。さてⓑの文で wine が可算になっているのは、液体のワインが念頭にあるわけではないから。「このレストランにはさまざまなすばらしいワインがある」と、ワインの種類が意識されているからです。シャルドネ、ピノノワールなどの種類は、1種類、2種類と数え上げることができますね。種類は、他とクッキリ区別して意識することができる「かたち」をもっているのです。次の例も「種類」の例。もう説明の必要は……ありませんね？

ⓒ They have a wonderful selection of **cheeses** here.
（ここにはおいしいチーズがいろいろある）

可算と不可算。いかがでしたでしょうか。一見複雑そうに見えるその使い分けも、単純な「かたち」のイメージが展開していった結果にすぎません。もうすでに十分、基礎はできました。あとは実践でそのイメージに磨きをかけていってくださいね。

単数・複数

単数

標準
複数

■基本イメージ

1つか2つ以上か

　「モノ」が可算（数えられる）の場合、英語ではそれが「単数」なのか「複数」なのかをつまびらかにしなければなりません。英語はモノ表現にたいへん繊細なことばなのです。

　もちろんむずかしいことは何もありません。1つか、それとも2つ以上か。読んで字の如く。ただ1つ注意しておいてもらいたいのは―ちょっとびっくりかもしれませんが―英語では数の標準は「複数」だということです。「単数形」の方が特別な配慮が働いた形だということなんですよ。

ⓐ Do you have a pen?【雑貨屋で】（ペン売っていますか？）
ⓑ Hey, Chris. Do you have a pen?【教室で隣の子に】
（ペンもってる？）

　雑貨屋でⓐの文を使えば店の主人は怪訝な顔をするでしょう。自然な形は pens。なぜなら雑貨屋で「ペンありますか」と尋ねるときに「1」本に限る必要がないからです。単数を使う場合はⓑのようなケース。この場合「1」本借りたいんですよね？「1」が意識に上っているんです、だから単数。単数という形を使う場

合、そこには「1」に限定しようとする意識が働いているんですよ。そうした格別の意識が働かないとき（数がそもそもわからない場合を含む）に、選ばれるのが複数形という「標準の」形なのです。

Check Point 1.　複数が標準

次の文、みなさんならどちらを使いますか？

A couple without **a child/children** has more disposable income.（子供のいないカップルは可処分所得が高い）

子供のいないカップルについて一般的な内容をあらわした文。私なら children を選びます。もちろん a child と言ったとしてもまちがいではありません。ですがそれはネイティブの選択ではありません。だって英語は複数形が標準。「「1」人の子供がいないカップル」と、ことさらに「1」を意識する必要などないからです。

Check Point 2.　no + 単数・no + 複数

単数のもつ特別な意識がわかると、次のペアのもつ、意味の差に気がつくはず。

ⓐ No **Democrats** will ever eat at my table.
ⓑ No **Democrat** will ever eat at my table.
（民主党支持者とは絶対に食事を共にしないぞ）

no はうしろに単数・複数どちらもとれる表現。だけどね、もちろんそこにはニュアンスのちがいが生じます。標準的なのは複数（ⓐ）。ⓑのように単数となると「誰ひとりとして」「ひとっこひとり」という強調が加わります。ほら、単数は特別な形だから。「1」に限るその意識がこうした強い意味を生みだしているんですよ。

☞ NO (p.42)

Check Point 3.　ひっくるめて複数な英語

単数・複数の選択で特に厄介なのは、次のような文。みなさん

ならどちらの形を選びますか?
ⓐ We are **a happy kid/happy kids**.
（私たちはしあわせな子供です）

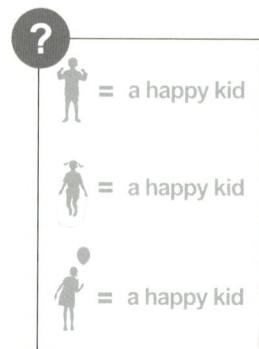

どちらも理屈の上では可能な文ですよね。「わたしたち」のひとりひとりを考えれば a kid だし。「わたしたち」全員ひっくるめれば kids だしね。だけどネイティブの答えは明瞭です。「ひっくるめる」kids の方がはるかに自然な形。

ⓑ Dogs have **a tail/tails**.
（犬には尻尾がある）
ⓒ Human beings have **a nose/noses**.
（人間には鼻がある）
ⓓ 3 of my best men lost **his life/their lives** in the attack.
（私の優秀な部下が3人その襲撃で命を落とした）

どの文でもより自然なのは複数形。それぞれの犬には a tail しかありません。a tail の方が論理的に正しそうですが、英語はそんなことは気にしない。ひっくるめて複数。「dogs だから tails だ」とアバウトに考えていいんですよ。

ⓔ My dad often gets **pains** in the chest.
（父はしばしば胸に痛みを感じる）

それぞれの機会に感じるのは a pain のはず……。はは、だけどいーんだよ、pains で。何度も何度も起こっているから——ひっくるめて複数の——pains。「ひっくるめて複数」、それは英語のクセなんですよ。

●名詞関連のイメージ●

英語の冠詞類

さあ、これから冠詞類の話を始めましょう。a、the、some、any など興味深い単語がオンパレードの冠詞類。それぞれの説明に入るその前に、まず「冠詞類」というものがどのような働きをもっているのかをしっかりつかんでください。

ⓐ My father trains **dogs** for a living.
（私の父の仕事は犬の調教です）
ⓑ I hate **the dog** next door. It's always shitting on my rose beds!
（隣の犬が大嫌いだ。いつでもウチのバラの花壇にクソたれやがって）

ⓐの dogs には何も冠詞類がついていません。「犬の調教」。この「犬」の部分に具体的な犬が思い浮かびますか？ そんなことはありませんね。単に「犬」。具体的な犬がイメージされるような表現にはなっていないのです。ところがⓑのように冠詞がつくと、どうでしょう？ 途端にワンワン鳴く犬が具体的にイメージされますよね。冠詞類の働きはこれ。「具体的なイメージに限定する」ということです。

冠詞類にはさまざまなものがありますがすべて、話し手がどういったモノを想定しているのかを、具体的に指定する働きをもっているのです。

ちなみに、先の「可算名詞（単数）は冠詞抜きででてこない（☞ p.9）」覚えていますか。どうしてこんなことが起こるのでしょう。

ⓒ [×] I saw **dog** this morning. （私は今朝犬を見た）

これは規則なんかじゃありません。ネイティブにとってはごくごく自然なことなんですよ。「単数形」を思い出してください。この形は彼らにとって「意識が及んだ」形。「1 つに限る」という特別な形です。「1 つに限られる」と特別な意識が及んでいるなら「それがどういうものなのか」具体的な指定があって当

然だろ、それがネイティブの考え方。ただそれだけのことなんですよ。

無冠詞

■基本イメージ

具体性なし

冠詞類は具体的イメージにモノを限定する単語たち。冠詞類がない無冠詞の場合は、「限定されない」形ってことになりますね。数も量もわからない——具体的イメージがわかない、それが無冠詞。いくつか例を見てみましょう。

ⓐ **Dolphins** are mammals.（イルカは哺乳類）
ⓑ **Ostrich eggs** take 40 minutes to hard boil.
（オストリッチの卵はかために茹でるのに40分かかるんだよ。知ってた？）
ⓒ I like **wine**.（私はワインが好きです）

「イルカは哺乳類」「ワインが好き」、ある具体的な数や分量を伴った「イルカ」「ワイン」を思い浮かべることができるでしょうか。何も具体的なモノが問題となっていない、限定されない。無冠詞で使われる名詞はそうした場合に使うのです。

Check Point 1. リスト

具体的なイメージが湧かない、それは悪いことではありません。上手に使うことのできる場所があるのです。たとえば「リスト」。

A: We need **potatoes, leeks, garlic** and **cream**.
B: Don't you need **cheese**, too?
（A: ポテトとネギ、ニンニクとクリームがいるなぁ。B: チーズも

いるんじゃないの？）

「えと、必要なものは a、b、c、d」など、アイテムだけが問題となっている場合、分量や数など具体的なイメージはまったく必要ありませんよね。だから無冠詞。限定なしの表現が光ってます。

Check Point 2. 「～というもの」

具体的なイメージが湧かない無冠詞、得意な場所はまだまだあります。それは「～というもの」、全体を指す表現。

ⓐ **Dogs** have tails.（犬にはしっぽがある）
ⓑ **Tigers** hunt **cows**, and **poachers** hunt **tigers**.
（虎は牛を狩り、密猟者は虎を狩る）

「犬」「虎」「密猟者」全体をもわっと指し示している、それがここの無冠詞です。具体的なイメージにしばられないからこそ、「犬というもの」一般について述べることができるのです。

☞ **全体をあらわす表現（p.30）**

THE

■基本イメージ

1つに決まる

the はモノに強烈な限定を与えます。イメージは「1つに（複数を従えるときには1グループに）決まる」です。

the を使うとき話し手は常に、それが聞き手にとっても「1つに決まる」ことを意識しています。the で重要なのはそれだけ。ただ、「1つに決まる」にはさまざまなケースがあり、それが the の使い方を一見複雑にみせているだけなんですよ。

A. 文脈から1つに決まる

I met a Chinese businessman at the hotel last night. **The guy** was...
（ホテルで中国人ビジネスマンに会ったんだよ。そいつはね……）

前の文で1人男が話題にひっぱりこまれました。次の文で the guy と言えば「ああホテルで会った男のことだな」と「1つに決まる」。だからこそ the が使われているんです。もちろん Chinese businessmen となっていたとしたら the guy とは言えません。どっちか決まりませんからね。

B. その場の状況から1つに決まる

Close **the door**!（ドア閉めて！）

その場にあるモノを the を使って示すことができます。もちろ

んその場にあっても、ドアが2つあったりして「1つに決まらない」場合、the は使えませんよ。

C. 常識から1つに決まる

Mercury moves around **the sun** every 88 days.
（水星は88日で公転する）

　sun（太陽）、world（世界）など常識的に1つしかないものは、「1つに決ま」りますよね。だから the。もちろん、I want to live in **a world** free from prejudice.（偏見のない世界に住みたい）のような場合は a world。そうした「世界」は（現実の世界とちがって）1つに決まりませんからね。

D.「1つに決まる」キモチで使う語句がある

Sir Edmund Hillary was **the first man** to climb Everest.
（エドムンド・ヒラリーはエベレストに登った最初の男だ）

　first、only、あるいは最上級（「もっとも～」）などには the を伴います。もう理由はわかりますよね？　これらの語句が使われるときネイティブにはいつも「1つに決まる」が浮かんでいるからですよ（「最初の人」は何人もいませんよね？）。

　これで the の基本は終わり。説明のために場合分けしましたが、もちろん覚える必要などありませんよ。「1つに決まるなぁ」、そう感じたら the。ただそれだけのことなんですよ。以下、みなさんが時折目にする細かな使い方を解説します。冠詞のなかでも the には最大級に多用な使い方があります。だけどやっぱり同じことなんだよ。どの使い方も基本となるイメージ―1つに決まる―に戻ってきます。主な使い方を拾ってみましょう。「1つに決まる」感触をつかみながら読み進めてくださいね。

Check Point 1. 　the ＋ 複数は「グループ」

　the は複数形とも結びつきます。この場合「1つに決まるよう

なグループ」ということ。特定のグループ全体が強く意識されています。

ⓐ Look at **the chicks** over there.
（あそこのひよこみてごらん）

そこにいる「ひよこ全部」ってことですよ。「the ＋ 姓（-s）」が「～さん一家」となるのも同じです。「山田」という名前を持つグループ全員、ということ。

「the ＋ 複数形 → グループ全体」、ネイティブにとってはたいへん自然な使い方。たくさんその例はありますよ。たとえば運動会などの「赤組・青組」とかね。

ⓑ Go **the Reds**, go!（赤、行けー！）

Check Point 2. 強調

the はしばしば強調に使われます。「これしかない」「これに決まりだ」――「１つに決まる」は容易にこんな意味に結びつきますからね。

ⓐ The Breakwater Hotel is **the place** to stay.
（泊まるならブレイクウオーターホテルに決まりだ）
ⓑ Chris is **the man** for the job.
（クリスはその仕事にまさに適任だ）

こうした強い強調を与える場合、the は【「ð」（ズィー）】と発音されます。そ。「母音の前の the」と同じ発音。これは the の強形（強く読む発音）なんですよ。

Check Point 3. 名前につく王冠

新聞名、ホテル名などが典型的ですが、名前の前に the がつくケースがしばしばあります。

ⓐ **The Independent**（インディペンデント紙）
ⓑ **The Savoy**（サボイホテル）

　この使い方も「1つに決まる」の延長線上にあります。「1つに決まる」という強烈な限定は「威厳がある」「よく知られている」―「おー！」って感じ―という感触につながります。名前に付く王冠。それがtheなんですよ。次の例を見てみましょう。the の王冠がよくわかるはず。

ⓒ Stephen Hawking, **the** astrophysicist, gave a lecture on the origins of the universe.
（著名な宇宙物理学者スティーブン・ホーキングが宇宙の起源について講義をおこなった）

Check Point 4.　お店の前の the

　the butcher's（肉屋）、the bookshop（本屋）など、お店には the をつけるのが標準です。

She's gone to **the baker's** for some croissants.
（彼女はパン屋にクロワッサンを買いに行った）

　2つパン屋があってもやっぱりパン屋には the がつくんですよ。これは習慣のようなもの。おそらく昔むかし、村にパン屋が1つしかなく、自動的に「1つに決まってしまう」、古き良き時代の名残なのでしょう。

Check Point 5.　共有イメージの the

　the には一見「？」と思える使い方があります。

楽器の前につけるthe

ⓐ He is playing **the piano**.（彼はピアノをひいているよ）

　勘違いしないでくださいね。楽器にはいつでも the がつくわけではありません。「モノ」として見ているなら、book や pen など他の名詞と同じ。a だって this だって付くのです。

ⓑ There's **a piano** over there.
（あそこにピアノがあるよ）

　playing the piano は具体的なモノを指しているわけではありません。日本語の「ピアノをひいているよ」と同じ。「ピアノをひいているよ」——みなさんはこの文、どんなイメージをもちますか？　うん、「ボロロ〜ン」と音が聞こえてくるような気がしますね。誰だって同じようなイメージをもちます。それが the piano。the は「１つに決まる」。みんなが共有しているイメージ、誰もが「あ。そーゆーものだよね」と思いつく強固なイメージ。それを指し示しているからこそ the piano と、楽器には the がつくのです。

ⓒ **The police** are investigating the murder case.
（警察は殺人事件を捜査中）
ⓓ I heard it on **the radio**.（ラジオで聞いたよ）

　the police、the radio も同じです。「警察は捜査中」「ラジオで聞いたよ」と聞くだけで私たちには強固な「あ、そーゆーものだよね」が浮かびます。みんなが共有するイメージ。だから the がつくんですよ。

ⓔ Do you prefer **the town** or **the country**/**the sea** or **the mountains**?
（街が好き？　田舎が好き？／海が好き？　それとも山？）

　「その街」じゃないよ。「街」、ほら賑やかハイストリートが見えてくる。それと牧歌的な「田舎」。みんながもっている共有イメージ「あ。そーゆーもの」が浮かんでいる表現なんですよ。

ⓕ **The American husband** never complains about his wife.（アメリカ人の夫は決して妻の不満を言わない）
ⓖ **The British gentleman** is an endangered species.
（イギリス紳士は絶滅危惧種だ）

「アメリカ人の夫」「イギリス紳士」ほら、イメージが湧いてきた。それじゃ、the Japanese gentleman は? これはちょっとむずかしい。だってみんなが共有している強烈なイメージは「日本人紳士」にはありませんからね。

ちょっとむずかしく感じましたか? はは。慣れればむずかしくないんだよ。だって「あ。そーゆーものってみんなが感じてる」って思ったら the ってことなんだからね。間違いを恐れず何度も口から出してごらん。すぐに次のようなコントラストだって味わえるようになる。

ⓗ Eric Clapton doesn't just play **the guitar**, he plays *guitar*.
（クラプトンはね、単に普通にギターを弾くわけじゃない。いいかい「ギター」を弾くんだよ）

play the guitar は、みんなが「あ。そーか」の「ギターを弾く」。共有イメージの通り一遍の普通の「ギターを弾く」です。そうじゃない。クラプトンのギターはね、普通のギターじゃない。もっと深く豊かなギターなんだよ。ほら、「みんながそー思ってる」の the が外れて、そこに月並みじゃない深さが宿っているのです。

Check Point 6. the + 形容詞 ＝ 〜な人々

ⓐ **The rich** are not always happy.
（金持ちはいつもしあわせとは限らない）
ⓑ **The young** have their whole life ahead of them.
（若者は人生すべてがその前に開けている）

「the + 形容詞」はそうした人々全体を指す表現。有名な表現手法ですからご存じの方も多いでしょう。だけどね、この表現はどんな形容詞にも使える訳じゃない。the tall（背の高い人々）、

the tired（疲れた人々）、the pretty（かわいい人々）、こんな表現はなかなか作ることができません。

それはね、共有イメージをもっていないから。the rich（金持ち）、the poor（貧乏人）、the young（若者）、the old（年寄り）、the strong（強者）、the weak（弱者）、the homeless（家なき人々）……こうした表現にはガッチリ結びついた共有のイメージがありますよね。パッと「あ。そーゆー人」が思い浮かぶ。だけど「背の高い人々」って言われてもねぇ。うーんイメージ湧かないな、って感じでしょう？ この表現も、やっぱり共有イメージ。みんなが共有しているカリッとしたイメージを指す表現なのです。

Check Point 7.　「というもの」：テレビとゆーもの・馬とゆーもの

「〜というもの」と全体をあらわす表現。ときおり見られる使い方ですが、これも共有イメージ。

ⓐ **The television** is a marvellous invention.
（テレビはすばらしい発明品です）
ⓑ **The car** is the most convenient means of transport.
（車はもっとも便利な交通手段です）
ⓒ **The horse** is an intelligent animal.
（馬は賢い動物です）

the television、the car、the horse。どれも具体的なモノを指しているわけではありません。私たちが「自動車」について思い描く共有イメージ―「あ。そうしたもの」―を指しているんですよ。だから「自動車というものは」と、類を一括りにした表現となるのです。

しばしば紹介される「国民名の前の the は気をつけた方がいい」というアドバイスも、みなさんならもうその理由がわかるはず。

ⓓ **The Japanese** are poor at English.（日本人は英語が苦手だ）
ⓔ **Japanese** are poor at English.（　　〃　　）

the Japanese の方が Japanese よりもはるかにヤな感じが漂っています。わかってくれましたか？ それは「日本人ってヤツはね」と、日本人全体を一括りに指さす表現だから。しかもその後に悪口が続けば、そりゃ不愉快ですよね。日本人にだってたくさん英語のうまい人はいます。そう。明日のみなさんのようにね。

☞ **全体をあらわす表現（p.30）**

Check Point 8. 類推

the は「1つに決まる」。そこからさまざまな使い方が流れ出てきます。むずかしくないよ。基本イメージだけを握りしめていてくれれば、それでいい。すぐにカンが身についてきます。最後は the が想起させる類推。ここまでピンとくるようになればネイティブ並です。

ⓐ Honey, will you bring me **the yellow file** from the office?
（オフィスに行って、黄色いファイルとってきてくれないかな？）

さて、問題です。オフィスに黄色のファイル、何冊あるのでしょうか？ はは。もちろん 1 冊。ネイティブにはすぐにピン！ときます。だって、the だもの。「黄色のファイル」といえば 1 つに決まる。1 冊しかないことがわかりますよね？

ⓑ She told me **the reason** why she married him.
（彼女は彼と結婚した理由を教えてくれた）

さて、彼女はいくつ結婚の理由をもっていたのでしょう？ はは。もちろん「1つだけ」。彼はとってもステキな容姿をしてい

たのです。もしここを a reason に変えたとしたら……それは次の「a(n)」で詳しく説明しますよ!

A(N)

■基本イメージ
1つに決まらない

　a は「1つの」という意味ではありません。「2ではなく1だよ」と数に焦点があるのは one (1)。a の役割は全然別のところにあります。

　a のイメージは「決まらない」。the と対照的なこの冠詞は、そのイメージゆえに使われるべきジャストな場面があるのです。

A. 初めて話題の中に登場させる

I met **an interesting guy** on the train yesterday. He was…
(昨日電車でおもしろい男に会ったよ。彼はね……)

　話題の中に「おもしろい男」を初めてひっぱりこんでいますね。こんなところには the は使えません。すでにお互いが「あーあのおもしろい人か」と了解していることになってしまいますから。「決まらない」。だから a が選ばれているのです。

B. 特定のモノを思い描いていない

ⓐ He is **a cabin attendant**. (彼はキャビンアテンダントだよ)
ⓑ I want **an iPod**. (アイポッド欲しいよ)

　「彼はキャビンアテンダントです」……職業や立場を紹介する文では決まって a が選ばれます。それはね、決まらないから。キャビンアテンダントは彼1人に決まりません。たくさんいますよね、

●名詞関連のイメージ●

そーゆー人は。だからこそ「その中の 1 人」という意味で「決まらない a」が選ばれるのです。また「iPod 欲しいよ」、この場合やはり特定の iPod を思い描いてはいません。だから「決まらないよ」の an が選ばれているのです。

Check Point 1. 「〜というもの」

「決まらない」は、おもしろいことに、the と同様「そうしたもの全体」を生み出します。

A lion is a dangerous animal.
(ライオンは危険な動物だ)

「決まらない（任意の）ライオンは〜である → ライオンというものは〜である」という意識の流れなんですよ。

☞ **全体をあらわす表現（p.30）**

Check Point 2. 類推

the が「1 つしかない」という類推を生みだしたように、a も類推を生み出します。それは「他にもある」。a が使われると、聞き手は「決まらない → なら、他にもあるんだろう」という類推をするのです。

ⓐ Will you bring me **a chair** from the next room?
（隣の部屋から椅子運んできてくれないかな？）

この文を聞いた途端、ネイティブには「ああ、いくつか椅子があるんだな」が伝わります。「他にもあるから a」。冠詞ってとっても便利ですよね。

ⓑ She told me **a reason** why she married him.
（彼女は彼と結婚した理由を教えてくれた）

彼女には他にもいくつか理由があったんですよ。容姿がよかっただけじゃなくて、稼ぎ

もよかった、性格も温厚だった。……伝わりましたか？

COLUMN

■ 全体をあらわす表現── 3つのバリエーション

「というもの」と全体をあらわす表現、ここまでで3種類も出てきてしまいました。それほど重要な区別というわけではありません。だけど気になる？ はは。そうしたマニアな方だけお読みくださいね。はい、どうぞ。

ⓐ Horses can be dangerous.【無冠詞】
（馬はときとして危険な動物だ）
ⓑ A horse is fun to ride.【a〜】（馬は乗るのが楽しい）
ⓒ The horse is a noble animal.【the〜】（馬は高貴な動物だ）

このなかでもっとも使いやすく、ポピュラーなモノは無冠詞です。というのも、そもそも具体的なイメージをもたない無冠詞は、紛れなく直接全体を想起させるからです。a〜 と比べてみましょうか。

ⓓ I love women.（私は女好きです*）
ⓔ I love a woman.

*実話ではありません。念のため。

ⓓのwomen は具体的な女性を一切想起させません。ぼんやりと「女性」。だから「ああ。女好きなのだな」とすぐにわかるのです。ところがⓔは決して「女性一般が好き」とはなりません。ネイティブはすぐ Which woman?（どの子が好きなの？）と尋ねますよ。「ある1人の女性」としか解釈できないから。

a〜 が全体をあらわすには、いつも文脈が「一般論を述べている」ということを確実に示さなくてはなりません。そうでなければ「ある〜」と解釈されてしまうから。

ⓕ A mother will love her kids.（母親は子供を愛するものだ）
ⓖ A girl likes to make up.（女の子はお化粧が好きです）

will（〜するものだ）、現在形（いつも成り立つ事柄）が、これらの文が「一般論」だということを明確に支えていますね。a〜 が全体を意味することができるのは、無冠詞とちがって非常に限られた文脈なんですよ。さてここで「使いづらいな」と思ったら、それはネイティブと同じ語感です。ネイティブもね、a〜 を全体の意味で使うときは「これ全体だってわかってくれるかな」と一瞬内省することが多いのです。無冠詞が優先される気持ちがよくわかりますね。

ⓗ **The white rhino** is on the verge of extinction.
（シロサイは絶滅に瀕している）
ⓘ **The kangaroo** is the largest marsupial in the world.
（カンガルーは世界でもっとも大きい有袋類である）

　無冠詞、a〜 にたいして the〜 のあらわす全体は、インパクトがあり、力強く、厳密な印象を与えます。the が本来もつ「1 つに決まる」という強さが、全体をあらわす場合にも生きているってこと。そうですね、たとえば上の文を動物愛護のパンフレットに入れるとしたら、使われるのは a white rhino ではなく（これは全然ダメ。一匹のシロサイは「絶滅」できないから）、white rhinos でもありません。厳密なインパクトある印象をもつ the white rhino となるというわけですよ。

ALL

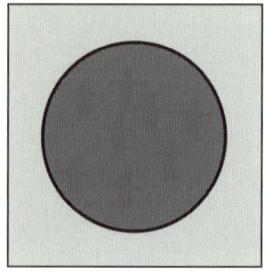

■基本イメージ

ぜんぶっ

この単語には every のような緻密な感触はありません。とにかく「ぜんぶっ」、それが all の基本イメージ。

All the workers went on strike.
(労働者たち全員がストライキした)

山田さん、谷口さん、田中さん……、それぞれを眺めながら「労働者全員はね……」といった、個々を緻密に眺める視線は感じられません。とにかく「ぜんぶっ」。ひっくるめて全部。そうしたおおらかな単語、それが all なのです。

☞ EVERY (p.33)

Check Point 1. 全体 (= whole)

all は「いろいろいる成員全部」だけではなく、「1 つのもの全体」をあらわすこともできます。

ⓐ All the team worked really hard.
(チーム全部が一生懸命働いた)
ⓑ The Katrina tragedy shocked all the nation.
(カトリーナ・ハリケーンのもたらした悲劇は国中にショックを与えた)

team、nation が単数形であることに注意してみましょう。いくつかチームがあってその全部、ということではありません。1 つのチーム「ぜんぶっ」、まるごと (whole) ということです。この使い方は every にはできません。all のおおらかさが可能にする使い方ですよ。

●名詞関連のイメージ●

Check Point 2. 位置の自由度・強調

all のもつおおらかさは、位置の自由度・強調につながっています。

ⓐ We are **all** amazed.（僕たちはみんな驚いた）
ⓑ I'm **all** for bringing in fresh minds and ideas.
（フレッシュな精神とアイデアを取り入れるのは大賛成です）
ⓒ They travelled **all** over Japan.（彼らは日本中を旅した）

「みんな」・「ぜんぶっ」は容易に強調につながります。「僕たちは、みんな、驚いた」こうした位置の自由も、成員を細かく意識する every にはありません。

EVERY

■基本イメージ

緻密な「すべて」

every も all も「全部」を意味することに変わりません。ですが every の目線は、もっと緻密です。

Every child should feel safe.
（子供たちはみな安らかなキモチでいるべきだ）

子供たちは誰もみな、ということ。個々にたいする緻密な目線を感じる表現となっています。

Check Point 1. every は単数で受ける

every はいつもうしろに単数名詞をとります（[×] every children）。もうその理由がわかりますね。every を使うときには、個々が意識に上るから。「どれもが（誰もが）みな」という感じで

すよ。次の、ネイティブがときどき行う言い換えを見れば「ぜんぶっ」の all との感触のちがいがよくわかりますよ。

You must return **all** the documents, and I mean **every** document, right?
(書類を全部返却しなさい、いいか、すべてもらさずだ、いいな)

all と every の間にある、緻密さの差、見えてきましたね？

EACH

■基本イメージ

そ・れ・ぞ・れ

「それぞれ」。個々を意識する、1つ1つに対する意識が感じられる単語です。

Each of the participants had to make a 5-minute speech.
(参加者はそれぞれ5分間スピーチをしなくてはならなかった)

チェックボックスの「それぞれ」にしっかりとチェックを入れる感触。1つ1つをしっかり見据えるまなざし、それが each の持ち味です。

●名詞関連のイメージ●

ANY

■基本イメージ

どれでも

「なんでもいいよ」「どれを考えてもいいよ」。「選択の自由」を相手に与える、それが any の基本イメージです。anyone（誰でも）、anything（なんでも）、anywhere（どこでも）、ほら any の感覚がつかめましたね？

ⓐ I don't like **any** of his songs.（彼の歌はどれも嫌い）

「any は some の疑問文・否定文での形」などと昔はよく説明されていたものですが、それはまちがいです。「どれを選んでも」きらいだよ、ということ。全滅だよ、ということです。some と入れ替えた次の文とは、明らかに意味がちがいます。

ⓑ I don't like **some** of his songs.
　（彼の歌、嫌いなものがいくつかあります）

彼の歌のうち「いくつか」。any と some はまったくの別物なのですよ。

Check Point 1. 否定文・疑問文に限らない

any は―もちろん―疑問文・否定文に限らず使うことができます。

ⓐ **Any man** would feel proud to receive such an honor.
　（誰だってそういった栄誉を受けることに誇りを感じるだろう）
ⓑ John is taller than **any boy** in his class.
　（ジョンはクラスのどの子より背が高い）
ⓒ Choose **any card**.（どのカードでもいいから選びなさい）

どの文も、疑問文・否定文ではありませんね。選択の自由がピッタリくる文脈であれば、any はいつでも使えます。

ⓓ [×] I talked to **anybody**.（[○] I talked to **everybody**.）

この文がおかしいのは平叙文であるからではありません。「誰を考えてもいいよ——その人に話しかけたんだ」なんて意味が通じないからですよ。

Check Point 2.　疑問文へのフレーバー

疑問文で使われる any。日本語訳では any があってもなくても似たような文になってしまいますが、そこにもやっぱり any の基本イメージは生きています。

ⓐ Do you have **questions**/**any questions**?（質問はありますか？）
ⓑ Do you have **money**/**any money**?（お金ありますか？）

どちらも any がある方には、相手に選択を開いているニュアンスが感じられます。「なんでもいいんだよ。質問は？」「いくらでもいいんだよ、お金は？」というキモチですよ。

> 訳せりゃいい。それじゃ英語は話せないよ。キモチを理解しなきゃ口からでてこない。イメージが大切なんだよ。

＊こんな当たり前のことをくどくど説明したのはね、以前、中学校の教科書、巻末の単語集のところに「疑問文の any は訳さなくていいことが多い」という文を見つけたことがあるからです。訳せりゃいいってこともなかろうに。ろくでもないなー

Check Point 3.　not との位置関係

not 〜 any...（どんな...も、〜じゃない）のコンビネーション。not との位置関係に注意しましょう。

●名詞関連のイメージ●

ⓐ I don't like **any US-made cars**.
（アメリカ製の車はどれも好きじゃありません）
ⓑ ［×］ **Anybody** didn't see it.（誰もみなかったよ）

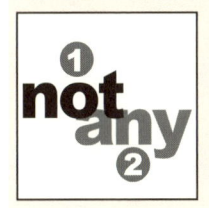

ⓑのような any...not の順番は不可。not は常に後続を否定する単語です。「どんな〜も、...じゃない」は any を not が否定することによって成り立つ意味。だからこそ not によって否定される位置、つまり not の後ろに出てこなくてはならないんですよ。

☞ NOT (p.248)

SOME

■基本イメージ

ぼんやりある

some の定番となっている訳は「いくつかの」。だけどそれじゃ some をつかむことはできません。someone は「誰か」。1人の人ですよね？ ぼんやりではあるんだけど何かがある、それが some のイメージです。someone（誰か）、something（何か）、somewhere（どこか）、ほら全部ぼんやりした表現でしょう？

Some people never give up hope.
（希望を決して捨てない人がいる）

some のもつ感触がよく出た文です。何人かはわかりません。クッキリと「人々」の顔は見えません。だけど、ぼんやりとそーゆー人がいることがわかる。これが some の感触なのです。

Check Point 1.　some の「ある」感触

まずは some の「ある」をつかんでしまいましょう。みなさんなら次の状況で、どちらの文を使いますか？

Situation

クリス君、昨日のできごとについて話しています。教室でやらしい話をしていたときに、急に女の子が入ってきたんです。

Chris: Suddenly, **some girls**/girls came in when we were talking.
（話してるときに突然女の子が入ってきたんだよ）

　この場合 girls は厳しい選択。もちろん意味はわかりますよ。だけど無冠詞—具体的なイメージを結ばない表現でしたね？　—では女の子の姿が浮かんでこないんですよ。「なにやら大変物足りない」表現なんです。ガチャッとドアを開けて入ってくる女の子が具体的に浮かぶのは some girls。もちろん人数など詳しいことはわかりません。だけど姿がみえる。「いる」ことがわかる。これが some。複数の具体的なモノを場面に登場させるのは、無冠詞複数ではありません。some なのです。

　それではもう 1 つ。今度は、次の water のちがいを考えてみてください。

ⓐ You need **water**, flour, eggs and salt to make the dough.（パン生地作るのには水と小麦粉、卵と塩がいるよ）
ⓑ We'll need to wash the wound first. Bring me **some water** and a fresh towel.
（傷口洗わなきゃ。水ときれいなタオルもってきて）

　やはり同じコントラスト。ⓐの water は無冠詞。単に「水」と

リストアップしているにすぎません。だけど⒝はどうでしょう。some water となった途端、ぼんやりと具体的な分量をともなった水が浮かんできましたね。

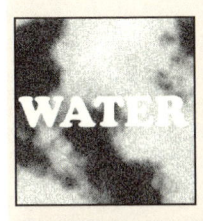

ぼんやりしてはいるけど具体的に「ある・いる」ことを示す、それが some の感触なのですよ。

Check Point 2.　some と単数・複数

some は「単数・複数」どちらともコンビネーションを作ることができます。「いくつかの」ではありません。

ⓐ I saw **some rats** at the station. I nearly died!【複数名詞】
　（ねずみを数匹、駅で見かけた。死にそうになった！）
ⓑ She married **some guy** from England.【単数名詞】
　（彼女、イギリスから来たどっかのヤツとくっついたよ）

ただ、some は、標準的には複数形と結びつきます。単独で使われるときも複数が想像されます。

ⓒ I like **some** of Picasso's paintings.
　（ピカソの絵のなかで好きなものが数枚ある）

その理由はね、単数と結びつく絶対の標準は a だからなんですよ。決まらない単数のものを持ち込むとき、ネイティブはほぼ自動的に a を使います。何も他に意図することがなければ、わざわざ some を使ったりはしない、だからこそ some の標準は複数となるのです。

Check Point 3.　「some ＋ 単数」の意図

単数名詞には a が標準。もしも some が使われた場合、そこには特別な「意図」が感じられます。ネイティブは「a を使わずに some を使った理由」を探すんですよ。そしてその理由は、some の基本イメージ「ぼんやり」から推測されます。

Situation 1. 興味・関心がない

先の例文ⓑがこのケース。

She married **some guy**/**a guy** from England.
(彼女、イギリスから来たどっかのヤツとくっついたよ)

標準的な言い方は a guy。それが意図的に some になっています。「ぼやけていいんだよ」ってこと。ここからネイティブは「あ。話し手はそいつが誰だか興味ないんだな。『どっかのヤツさ』ってことなんだな」と了解します。こんな言い方、快く思っていないときなど、私たちもよく使いますよね?

Situation 2. 言いたくない

校長先生と生徒の会話です。

Headmaster: Who told you that?
Schoolboy: ...**Some kid** told me, headmaster.
Headmaster: What do you mean *some kid*? I want to know who told you!
(H: 誰が君にそれを言ったのかね　S: ある子なんですが……。 H: some kid とはどういうことなんだね。私は誰が言ったのかが知りたいのだ!)

校長先生に詰問されて、生徒が some kid。ほら「ぼやかしたい」「隠しておきたい」んです。「some kid と言ったんだから、言いたくないのをわかってもらいたいんだけど」というキモチで使っています。

some ＋ 単数。a を使わずに some。そこには常に意図があるのですよ。

Check Point 4.　温かい some

some の「ある」という感触—some は「ぼんやりとある」で

したね？─は、おもしろいことに「温かさ」とつながっています。

ⓐ Would you like **some coffee**?

　相手に何か勧めるときに some はしばしば登場します。「あなたに差し上げるコーヒーがありますよ」。コーヒーを手にとって相手に差し出す感覚で使われているのです（もちろん実際に手に持っていなくてもだいじょうぶ。そーゆーキモチで、ということです）。some は「ある」。それが相手に差し出す温かさを生みだしているのです。

ⓑ Do you need **some help**?（お手伝いしましょうか）

　これもまったく同じ。「（君が必要とする助力が）あるよ」と差し出す感触。やはり温かい発言になっています。

SEVERAL

■ **基本イメージ**

い・く・つ・か

　日本語の「いくつかの」にもっとも近い単語。語源に separate（別々の）をもちます。１つ１つを明確に意識した「い・く・つ・か・の」です。

A: I hear there are **some good jazz clubs** in Tokyo.
B: Absolutely. I can recommend **several excellent places**.

（A: 東京にはいいジャズクラブがあるって聞いたんだけど。 B: もちろんさ。いくつかすごいとこ知ってるよ）

　several を使う話し手の意識は具体的なジャズクラブに及んで

います。「たとえば？」と尋ねれば、「ブルーノート東京とか……、とか」と、具体的な名前が挙がりそうです。Aさんのボンヤリした「あるって聞いた」を受けて、「いくつか具体的に知ってるよ」。この会話はそうした受け答え。どちらも「いくつかの」と訳していては、この会話のニュアンス、つかめません。

NO

■基本イメージ

まっくろ

no（ない）は強烈な単語です。「真っ黒」。

We have **no tickets** left.
（チケット全然残ってないよ）

主語が真っ黒に塗りつぶされて何にもない、って感触です。しばしば「no = not 〜 any（誰も・何も〜ない)」という「公式」が仄聞されますが実際は、no は not 〜 any よりも強い表現。

☞ no ＋ 単数・no ＋ 複数（p.15）

Chapter 2
動詞関連のイメージ
Verb images

動詞は文の中心をなす、大切な要素。動詞が自由に使えると表現力は飛躍的に高まります。この章では、なかでも特に使用範囲が広く、会話の即戦力になる基本動詞を集めました。また基本動詞以外にも、頻度が高く使い分けがむずかしい動詞グループも適宜配してあります。基本動詞と意味が特化した動詞たち、キャラのちがいをお楽しみください。

●動詞関連のイメージ●

1. 移動に関わる基本動詞
GO [行く、など]

■基本イメージ
立ち去る・進行する

go を「行く」と覚えてもそのポテンシャルを使い切ることはできません。ある場所から何かが「立ち去」って・進んでいく、その一連のイメージが go なのです。

The new tennis coach is hopeless. He'll have to **go**.
(新しいテニスコーチはどうしようもない。辞めるべきだよ。)

テニスクラブを「立ち去る」。この動きを理解して初めて go が表現力とつながってくるのです。

Check Point 1. 基本動詞の自由

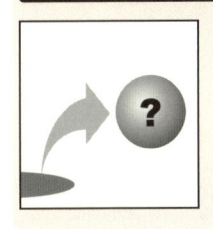

基本動詞の膨大な頻度を支えるのは、これらの動詞がほぼ**図式的に**理解されていることです。go が使われるのは「人」に限りません。「去る」動きを頭痛に当てはめてみましょう。

ⓐ My headache's **gone**. (頭痛が治った)

また、この「立ち去る」は物理的な動きに限ったわけではありません。そうした動きを想起させるものであれば、使うことができるのです。

45

ⓑ With her husband **gone**, she seems so helpless.
（ご主人が亡くなってから彼女はまるで無力になってしまった）

ⓒ How much did Kathy drink? She's completely **gone**.
（キャシーはどれだけ飲んだんだい？　彼女、完全にイッちゃっているよ）

　「立ち去る」が「死ぬ」「理性的な状態から逸脱する」、など自由に広げられていることがわかりますね。

　こういった自由度──図式的に理解し、あらゆるものにあてはめて使う──が基本動詞を基本動詞たらしめています。ここでご紹介する基本動詞は、すべてそう。だからこそ「行く」という日本語訳で満足してはいけないんですよ。

Check Point 2.　現在完了の go

　イメージをしっかりとつかむ、それができれば余計な「豆知識」を仕込む必要もなくなります。有名な、「現在完了で go が使われるとき（have gone）には『行ってしまってもういない』となる」という豆知識。

Your dad**'s gone** to the golf club.
（パパはゴルフクラブに出かけていないよ）

　go は「立ち去る」。そして現在完了は「今」に焦点がある形。立ち去って今。だから「いないよ」となる、当たり前のことでしょう？
☞ 現在完了（p.223）

Check Point 3.　「進行」の広がり

　go の基本イメージ。今度は「進んでいく」動きに焦点を当てます。基本動詞の自由度を意識しながら次の文を考えてみましょう。これらの文がすべて「進む」という単純な図式から拡がっていることがわかるはず。

ⓐ Yeah, suddenly this big guy comes up to me and **goes** ...
（うん。突然大きな男が近づいてきて言ったんだよ……）

●動詞関連のイメージ●

ⓑ How are things **going**?（どんな調子？）
ⓒ Anything **goes** in the world of fashion.
（ファッション界ではなんでもあり）
ⓓ What I say **goes**.（僕の言ったことが絶対なのさ）
ⓔ Then all of a sudden he **went** mad.
（で、突然彼おかしくなったんだよ）
ⓕ The tires **went** flat.（タイヤがパンクしちゃった）

　ⓐ-ⓑことば・動作・できごとなどが「そうやって進んでいく」。ⓒ-ⓓ「自由に・妨げられずに」進んでいく。ⓔ-ⓕ「変化」。事態が進んでいくことから「変化」の意味で使われています。どれもすぐに使うことができますね？
　どの基本動詞にも、複雑な意味はありません。単純だからこそ、あらゆる局面に使いこなすことができる、それが基本動詞なのです。

COME [来る、など]

■基本イメージ

到来する

　come ももちろん抽象的な「図式」としてとらえてくださいね。「来る」という日本語訳では—やはり—足りません。

No one suitable **comes** to mind at the moment.
（誰も適当な人が今は思い浮かばない）

Check Point 1. 図式としてとらえる

「come ＝ 来る」から抜け出すと、さまざまな come が使える

ようになります。

ⓐ The new model is awesome, but it doesn't **come** cheap. （新しいモデルはすごいけど、安くは買えないよ）
ⓑ I'll see that no harm will **come** to your children.
（君の子供に危害が及ばないようにしますよ）
ⓒ What possible good can **come** from this?
（こんなことをしていったいどんな利点があるの？）

　基本動詞 come には「人でなくてはならない」「歩いて来なくてはならない」などの制約はありません。向こうから何かがやってくる、そうした抽象的な図式としてとらえてみて、初めて使い途が広がります。

ⓓ Eventually, I **came** to really like life in Japan.
（結局のところ日本での生活が好きになった）
ⓔ I'm very worried about the **coming** hurricane season.
（もうすぐ始まるハリケーンの季節をとても心配している）

　もう説明の必要はありませんね。こちらに到来するという図式が「〜になる」「まもなく（やってくる）」を生みだしているにすぎません。

Check Point 2.　How come...?

how + come のコンビネーション。

How come she got more money than I did?
（なんで彼女は僕よりも多くのお金を受け取ったの？）

　How come...? は「どうして」why のくだけた表現です。「どういった過程を経て起こったのか」に力点があります。

Check Point 3.　come の動き・go の動き

　次の会話、日本語訳を見てみましょう。どうして「今行くよ」

は I'm coming! となるのでしょうか。なぜ I'm going. とは言えないのでしょうか。

Situation 1.
２階でお出掛け準備に忙しい妻に夫が……、

Husband: Honey, we're going to be late!
Wife: OK. OK. I'm **coming**!
（夫：おーい、もう遅れるよ！　妻：わかってるわよ。今行くわ！）

I'm going. とはいえない理由、それは英語の come と go は、注目点を基準に使われるからです。この場合、夫が呼んでいるのですからそこを中心に come/go の選択が決まります。夫のいる場所に近づく動きですから come となるわけ。I'm going! なら夫はびっくりします。go は注目点から離れる動き。「おいおい２階からどこ行っちゃうんだよ」となるからですよ。

Situation 2.
ジャズコンサートへのお誘いの電話がきました……。

We're **going** to a jazz concert on Saturday. Can you **come**?
（僕たち、土曜日にジャズコンサートに行くんだけど、君来れる？）

最初の文では、話し手にとってコンサート会場は自分の元いた場所から離れる動き。だから go。ですが２番目の文では、注目点はコンサート会場に移っています。そこに近づく動きだから come となるのですよ。

「移動」をあらわすその他の動詞

■run（走る）

1 人以外にもさまざまなものが「走り」ます。

ⓐ The bus (train) **runs** between Oxford and London.
（バス［電車］はオックスフォードーロンドン間を行き来します）

2 「線状のもの」に run はよく使われます。「道路が南北に走っている」という日本語と同じ語感。線上のものが「走る」動きを連想させるからです。

ⓑ The road **runs** parallel to the river.
（その道路は川と平行して走っています）

ⓒ Don't leave the tap **running**.（蛇口を出しっぱなしにするな）
水が蛇口から出る様子を想像してくださいね。「線状」でしょう？

3 go/come が変化をあらわすのと同様のイメージから、run にも変化をあらわす使い方があります。そうした状態に「進む」ということだからですよ。

ⓓ We've **run** out of milk.（ミルクなくなったよ）

4 run が他動詞（V＋名詞）として使われた場合に注意しましょう。「走らす」となります。run a restaurant（レストランを経営する）、run a country（国を運営する）などすべて、「run させる」から生まれている表現です。

■bring（運ぶ）

come の動きにモノが加わっている。そうした図式です。「人が運ぶ」に囚われなければ、I'll **bring** my photos.（写真もってくるよ）のような具体的な「運ぶ」だけでなく、Science **brought** many changes to our lives.（科学は私たちの生活に多くの変革をも

●動詞関連のイメージ●

たらした)といった文だって作れるようになります。

■carry（運ぶ）

「支える＋移動」がイメージ。bring のような決まった方向性はありません。
ⓐ UN planes **carried** emergency supplies to the most remote areas.
（国連の飛行機は僻地に緊急物資を運んだ）
ⓑ Mosquitoes **carry** malaria.
（蚊はマラリアを媒介する）

どこの方向でも自由なんです。

■leave（去る）

この動詞は力点の置き方によって、2通りの意味で使えます。まずは「出て行くモノ」（A）に力点を置いた場合。
ⓐ He **left** for London.
（ロンドンに向けて出発した）
ⓑ He **left** his wife.（彼は奥さんと別れた）

次に「残された」（B）に力点が置かれた場合。
ⓒ 6 from 10 **leaves** 4.（10引く6は4）
ⓓ I **left** my key in the car.（車のなかに鍵を忘れた）

さらにここから、**Leave** it to me, OK?（僕に任せてくれ、いい？）などといった使い方もできますよ。

■drive（運転する）

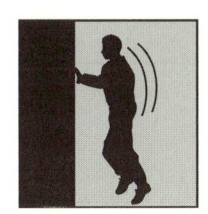

「（自動車などを）運転する」で有名ですが、この動詞の核となるイメージは別にあります。それは「（力をグッと入れて）動かす」。
ⓐ I **drove** my parents crazy when I was a teenager.
（ティーンの時は両親を怒り狂わせたものだ）
ⓑ Surely every artist is **driven** by a desire to reach perfection.

（すべての芸術家が完璧を求める気持ちに駆り立てられているのは確かだ）

ちなみにそれが何で「運転する」になるかというと、「（動物などを）駆り立てる」から、馬車や機関車を駆る、そこから「運転」。

■pass（パスする）

「通過する」。それが pass のイメージ。ある通過点が常に意識されているのがポイント。

ⓐ Turn right after **passing** the police station.
（警察署を通り過ぎたら右に曲がれ）

ⓑ She **passed** the entrance exam.
（入学試験に合格した）

どちらもある点が意識されていますね。「（サッカーなどで）ボールをパスする」も同じです。2人の間にある他の選手や障害物、そこを通過させてパスするということなのですよ。

ⓒ **Pass** the ball quickly.（すぐにパスしろ）。

2. 入手・授与をあらわす基本動詞

TAKE [取る、など]

■基本イメージ

手に取る

take の基本イメージは、目の前のものをひょいと「手に取る」動作です。

Take an umbrella.
（傘をもっていきなさい）

この意識的な動作は、「選び取っている」というニュアンスにも

●動詞関連のイメージ●

通じています。この単純な動作が図式的に理解されることから、大きな汎用性を獲得しています。

Check Point 1. 図式としてとらえる

「手に取る」という動作は、図式としてとらえることによってさまざまな状況をとらえます。

ⓐ Oh, no! They've **taken** my passport, credit cards, everything!
(げ！ 奴ら僕のパスポートやらクレジットカードやら全部盗みやがった！)
ⓑ **Take** 7 from 14 and you get what?
(14引く7はどうなる？)
ⓒ **Take** the situation in Afghanistan, for example.
(たとえばアフガニスタンの状況を例にとってみようか)
ⓓ I'm going to **take** a break.
(休憩するつもり)

自由に図式を展開すればいいだけですよ。ちなみにⓓの take a break は「休憩をひょいと手に取る」感触です。ある行動を選び取るという感覚と結びついているのです。

Check Point 2. take a picture

おなじみの「写真を撮る (take a picture)」もこの図式の延長線上にあります。人物・風景から「像」を取ってくる意識がこのような表現を支えているのです。他にも take someone's temperature/blood pressure (熱を測る／血圧をとる) などさまざまな情報を take することができます。

Check Point 3. 選択

take a break で紹介した「選び取る」ニュアンスは、take の理解には欠かせません。

ⓐ **Take** the road less traveled.（人があまり行かない道をゆけ）
ⓑ I don't know which job to **take**.
（どの仕事にすべきかわからない）
ⓒ I'll **take** the white silk blouse.【買い物で】
（白のシルクブラウスにするわ）
ⓓ I always **take** the train to work.
（仕事に行くのはいつも電車にしている）

選択は「手に取る」という動作が生み出す自然なニュアンスなんですよ。

Check Point 4. 受け入れる

「手に取る」という動作はヒョイととって自分のところにもってくる動作。そこから「受け入れる」も生まれます。

ⓐ The new A380 can **take** over 500 passengers.
（新型旅客機A380は500人以上乗客を収容できる）
ⓑ I should have **taken** your advice.
（君のアドバイスを聞いておくべきだったよ）

Check Point 5. 連れて行く

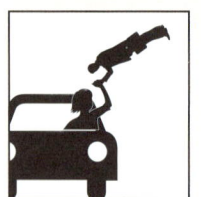

take には「連れて行く・もって行く」という用法があります。

Jump in. I'll **take** you to the station.
（乗れよ。駅に連れて行ってあげるよ）

手にひょいと取って連れて行くということ。take の豊かな意味の広がりも、すべて単純な動作の延長線上にあるのです。

GET [手に入れる、など]

■基本イメージ
動いて手に入れる

　get は万能基本動詞。英語のあらゆる動詞の中で、もっとも豊かな用法のバリエーションをもつ動詞です。get は単に「得る」ではありません。そこには強く「動き」が意識されています。「動いて手に入れる」、それが get のイメージなのです。

Let's **get** sushi for lunch.（昼ご飯に寿司買ってこようぜ）

Check Point 1. 図式としてとらえる

ⓐ I **got** a birthday card from Janet.
　（ジャネットから誕生日カードを受け取った）
ⓑ Where did you **get** your new shoes?
　（新しい靴、どこで買ったの？）
ⓒ I don't **get** it. I mean, how did he know who the murderer was?
　（わからん。どうやって彼には殺人犯がわかったのか）

　get がもつ表現力の源は、その図式にあります。ⓐ受け取る (receive)、ⓑ買う (buy)、ⓒ理解する (understand)、日常的な動作の多くが―煎じ詰めると―「動いて手に入れる」の図式に収まる（「理解」はアイデアを「頭に入れる」という動きですね）。だからこそ、get は無数のケースで用いることが可能な万能動詞となっているのです。

Check Point 2. 動き

getの「動いて手に入れる」は、さらに抽象的な図式に結びついています。それは「動き」。「漠然と何かが動いている感じがする」「何らかの動作が行われた」こうした意識に連なっているのです。

ⓐ I should be able to **get** there by 7.
（7時までには行けるはずだ）
ⓑ How did you **get** to know about our service?
（あなたはどのようにしてこのサービスを知りましたか？）

ⓐ到着する、ⓑ〜するようになる、どちらも「手に入れる」という意味ではありません。「動いている」意識が生みだす使い方。

ⓒ I haven't **got** any work done today.
（今日は何も仕事終わらせてないよ）
ⓓ I **got** my sister to help me with dishes.
（妹に皿洗いを手伝わせた）

ⓒは work done（仕事がなされた）状態にした、ⓓmy sisterに働きかけて手伝わせた——電話をかけて頼んだのかもしれません、お小遣いをあげたのかもしれません。どちらの例もどんな行為をしたのかについて具体的に述べているわけではありません。漠然と「何かを行った」ことが意識されているのです。

Check Point 3. 事態が動く

getの「動き」、さらに別の例をあげてみますね。

ⓐ Let's go inside. It's **getting** cold.
（なかに入ろう。寒くなってきたよ）
ⓑ He **got** angry.（彼は怒った）

ただ「寒いです」ではなく「寒くなった」。ただ「怒っていました（He was angry.）」ではなく、何かが起きて「怒った」。どち

らも事態が動いたというニュアンスが色濃くでています。この感触が理解できれば、次の受動態の例、ニュアンスのちがいがよくわかるはず。

ⓒ I **was arrested** for speeding.（スピード違反で捕まった）
ⓓ I **got arrested** for speeding.（　　〃　　）

get は受動態に特別なニュアンス―突然・予期せぬなど―を与えます。「動き」が感じられる、それが get という動詞なのです。

「入手」をあらわすその他の動詞

■receive（受け取る）

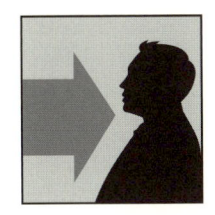

受け取る動き。この図式に当てはまる動きに広く使われます。a letter（手紙）、a warm welcome（温かい歓迎）、a good education（いい教育）など、日本語の「受け取る」に縛られず自由に使ってください。

■buy（買う）

お金を払って手に入れます。日本語の「買う」と変わるところはありません。ただ、I told the police officer I was speeding because my wife was about to have a baby, but he didn't **buy** it!（警察官に、女房が赤ちゃんを産みそうだからスピード出してたんだと言ったけど、信用してもらえなかった！）といったおもしろい使い方も。みなさんは、真贋がハッキリしないようなものは買いませんよね？「買う」は「正しいと信じる」につながっているのです。

■catch（つかまえる）

相手は動いている、それがイメージ。Catch me if you can.（つかまえられるものならつかまえてごらん）の他、the last train（最終電車）、a thief（泥棒）、a cold（風邪）などもcatch することができますし、I didn't catch the final score.（最終スコアが聞こえなかったよ）などとも使えます。

■gain（手に入れる）

get 系の動詞。経験・知識・尊敬など「価値あるもの」を get します。

ⓐ He's now working in a hotel in Paris to gain experience.
（彼は今経験を積むためにパリのホテルで働いているよ）

ⓑ An important way to gain knowledge is by listening.
（人の言うことに耳を傾けるのは知識を得るよい方法だ）

■earn（手に入れる）

gain と同様、やはり「価値あるもの」。と同時に相応の努力が払われていることが感じられます。

ⓐ How much do you earn in a year?
（1年でどれだけ稼ぎますか）

ⓑ Teachers have to earn the respect of their students.
（教師は学生の尊敬を勝ち得ねばならぬ）

■acquire（手に入れる）

すぐに get できるものには使われません。コツコツと費やした時間に焦点があります。

I think it's possible to **acquire** a native-like command of English without staying in an English-speaking country.
(英語圏に住んでいなくてもネイティブの様な英語力は達成可能だと思うよ)

■obtain（手に入れる）

　get のフォーマルバージョン。
How long does it take to **obtain** a visa for the States?
(アメリカのビザを取得するのにどのくらいかかりますか)

GIVE ［与える、など］

■基本イメージ
与える

　give は「与える」動作です。「ためになるものを与える」などといった特別の臭いはついていません。

I **gave** Paul a leather briefcase.
(ポールに皮のブリーフケースをあげた)

Check Point 1.　図式としてとらえる

　give を図式としてとらえます。give は「良いもの・悪いもの」・「具体的・抽象的」に関わらず使うことができます。

ⓐ I'll **give** you 10 seconds to get out of here.

（10秒やるからここから出て行け）
ⓑ Ben kindly **gave** me a ride.
（ベンは親切に車で送ってくれた）
ⓒ He always **gives** me a headache.
（彼にはいつも悩まされるよ）

　　　　10 seconds、a ride など具体的なものでなくても、また a headache（頭痛）のように良いものでなくても、give は使うことができます。特殊な臭いがついていない図式として理解されているからですよ。

Check Point 2.　図式を使いこなす

give のもつ図式は次のような例も生み出します。「与える」から離れることができれば、すぐに使いこなせる例ばかりですよ。

ⓐ The Vienna Boys Choir **gives** around 300 performances a year.
（ウイーン少年合唱団は年間300回ほど公演する）
ⓑ We're **giving** a party for John's retirement.
（ジョンの定年パーティをする予定だ）
ⓒ She **gave** me a wink.（彼女は僕にウインクしたんだぜ）

Check Point 3.　たわむ

図式として give を眺められるようになると、次のような例も使いこなすことができます。

ⓐ The old chair **gave** when I sat on it.
（その古い椅子、僕が座ったら潰れた）
ⓑ This kind of mattress doesn't **give** much.

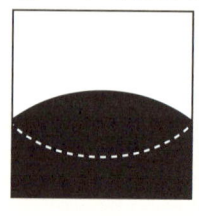

（その種のマットレス、あんまり沈み込まないんだよ）

「潰れる」「沈み込む」
――どちらもたわんだ様子

が想起されています。もちろんこれも同じ図式から。単純な図式として理解されているからこそ、基本動詞には莫大な表現力があるのですよ。

「授与」をあらわすその他の動詞

■provide（与える）

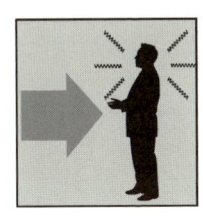

「相手が必要とするものを」与える。相手のニーズを満たすということ。

ⓐ Roger says he'll **provide** all the food for the barbecue.
（ロジャーはバーベキューの食材全部もって来ると言ってるよ）

ⓑ This pamphlet **provides** you with all the information you'll need.
（このパンフを見れば必要な情報がすべてわかります）

■supply（供給する）

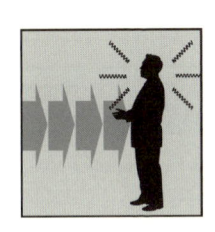

相手のニーズを満たすのはもちろん「安定して長期に渡って」が感じられます。
Fortnum & Mason has been **supplying** groceries to the upper crust for 3 centuries.
（フォートナム・アンド・メイソンは富裕層向けに、3世紀にもわたって食料雑貨を提供している）

■present（贈る、など）

この単語には pre-（前）が含まれていますね。イメージは「目の前」ということです。「（相手の）前におく」から Do companies still **present** retirees with a gold watch?（まだ会社は退職者に金時計を贈っているのかい？）などの「贈る」他、レポートを提出し

たり、プレゼンを行ったり（Are you presenting at the conference?（会議でプレゼンする予定？））といった用法が生まれています。また形容詞「現在の」「出席して」もこのイメージから。「目の前にある・いる」ということから自然に生まれてくる使い方ですよ。

3. 創造をあらわす基本動詞
MAKE [作る、など]

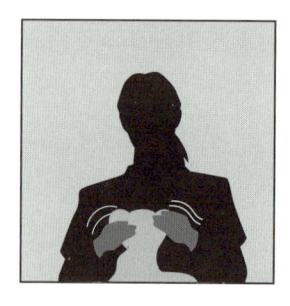

■基本イメージ

作る

make の基本イメージは、「作る」。何かを作り上げるときに込める「力」を意識してくださいね。

I **made** a great paper airplane!
（すごい紙飛行機作ったよ）

Check Point 1.　図式としてとらえる

make は、ヒトが具体的なモノを作りあげるケースに限られているわけではありません。他の基本動詞同様、図式として理解することが大切なのです。

ⓐ Someone has to **make** a decision. And quick!
（誰か決定を下さなければならない。しかも、すばやくだ！）
ⓑ 6 and 4 **makes** 10.（6足す4は10だ）
ⓒ I've **made** an appointment with the bank manager.
（銀行の支店長と約束があるんだよ）

「作り上げる」——ヒトでなくても、具体的なものでなくても、そうした図式を感じれば make の出番なのです。ⓐは「決定を作

●動詞関連のイメージ●

り上げる」、ⓑ足し算だって「作っている」ことにかわりありません、ⓒappointment（約束）は 2 人で作り上げるもの——だから make が使われているのです。

Check Point 2. makeは常に「作る」

「友達になる」はどうして make friends となるのでしょうか。

ⓐ I **made friends** with Abby.
（アビーと友達になった）

make に「なる」という意味が突然生まれたわけではありません。friends と複数形であることに注意しましょう。「友達同士（friends）」を作り出すということなんですよ。

ⓑ What do you **make** of her?（彼女のことどう思う？）

of は out of（〜から）。「彼女からどんな『印象（impression）』を作り上げますか？」ということです。make はいつだって「作りあげる」。make の用法はすべてそこに集まってくるのです。

Check Point 3. 力を加える

「作る」という行為は、「力」を連想させます。力を加えて作り出す、make のもつ力の感触に慣れていきましょう。

ⓐ I'll **make** you happy.（君を幸せにするよ）
ⓑ The boat trip **made** me sick.（船旅で気分が悪くなった）
ⓒ The story **made** me cry.（その物語で泣いてしまった）
ⓓ They **made** me wait over 2 hours.
（彼らは 2 時間以上も待たせた）

「力」を意識してください。ⓐ幸せにしたり、ⓑ気分を悪く（ゲロゲロってこと）させたり、ⓒ泣かせたり、ⓓ待たせたり。ただ自然にそうなった、というわけではありません。力が加わっているのです。ⓓに、彼らが私をそう

いった状況に追い込んでいるニュアンスが感じられたなら make は卒業です。

「創造」をあらわすその他の動詞

■create（創造する）

「今までなかったもの」を作り出します。そこにはしばしばイマジネーションの力が感じられます。
ⓐ Doraemon was created in 1969.
（ドラえもんは1969年に創られた）
ⓑ I need to create a retirement plan.
（定年後の計画を立てなくちゃ）

もちろん好ましいもの限定というわけではありません。
ⓒ The Beijing Olympics created a lot of controversy.
（北京オリンピックは多くの物議をかもした）

■produce（生み出す）

「表に出す」イメージ。
ⓐ The magician produced a duck from his hat.
（マジシャンはアヒルをハットから出した）
ⓑ Tropical forests produce a lot of oxygen.
（熱帯雨林は多くの酸素を生み出す）

「(企業が製品を) 生産する」というポピュラーな用法はここから生まれています。

■build（建てる）

「部品（parts）」を組み立てます。図式として解釈すれば次のような使い方もできるでしょう。
We've built a strong relationship with many companies.

(私たちは多くの会社と強力な協力関係を築き上げた)

■construct（建設する）

「部品」です。ですが build よりも、巨大さと複雑さが感じられます。

ⓐ They **constructed** a high fence all along the border.
（彼らは国境線に高いフェンスをはりめぐらせた）

次のようにも—もちろん—応用できますね。

ⓑ It's essential to **construct** a sound plan.
（健全な計画を作りあげることが肝要である）

■form（形成する）

form は「形」。「形を与える」ということです。

ⓐ I want you all to **form** a circle.
（みんなで輪になって）

一瞬で form することはできません。形作る過程・時間が感じられます。

ⓑ Read this — it will help you **form** a clearer opinion.

（これを読んでごらん——しっかりとした意見を作る助けになってくれるよ）

ⓒ How do you **form** a child's conscience?
（どうやって子供の道義心を形成していくのか）

■develop（発達する・作り上げる）

「だんだんと現れる」です。長期にわたってだんだんと形になっていく（形にする）様子が意識される表現。
Scientists are trying to **develop** a cure for AIDS.
（科学者たちはエイズの治療法を開発しようとしている）

「写真を現像する」という意味で使われるのも、像が徐々に現れる様子が develop にピッタリだからですよ。

■break（壊す）

「壊す」を意味するもっとも一般的な動詞。図式として解釈してください。Oh no, I've **broken** the glass.（グラス壊しちゃったよ）といった具体的なものばかりでなく、This computer is **broken**.（このパソコン、故障している）、When you make an unauthorized copy of a CD or DVD, you're **breaking** the law.（CD や DVD の不正コピーを作ったら、法律を破っていることになるんだよ）、など、あらゆる「壊す」に使うことが出来ます。

■destroy（破壊する）

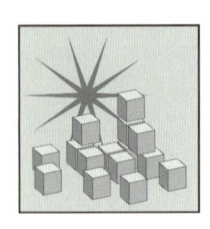

「バラバラ」「完膚無きまで」、徹底した破壊が感じられます。break なら直すこともできますが、destroy は修復不可能。
Hurricane Katrina **destroyed** 1000s of homes.
（ハリケーン・カトリーナは何千もの家々を破壊した）

■ruin（台無しにする）

「すばらしいものを台無しにする」です。
You **ruined** my day.
（僕の1日を台無しにしやがって）
　ruins（遺跡）のイメージを思い起こせば、この語感がわかるでしょう。すばらしい寺院がみるかげもなく……。

4. 状態・位置に関わる基本動詞
HAVE ［もっている、など］

■基本イメージ
近接

　have は「手にもつ」という動作ではありません。位置関係の動詞です。

I **have** a pen.（ペンをもっている）

　この文は自分の所有権がペンに及んでいる、ということ——つまりは「自分のところにある」という「位置」をあらわしています。ペンをグイッと「もっている」という「動作」ではありません。
　ほら、その証拠に次のように進行形にすることができないんですよ。

[×] I'm having a pen.

　have は、距離の近さ・所有など近接の意識をあらわす動詞なのです。

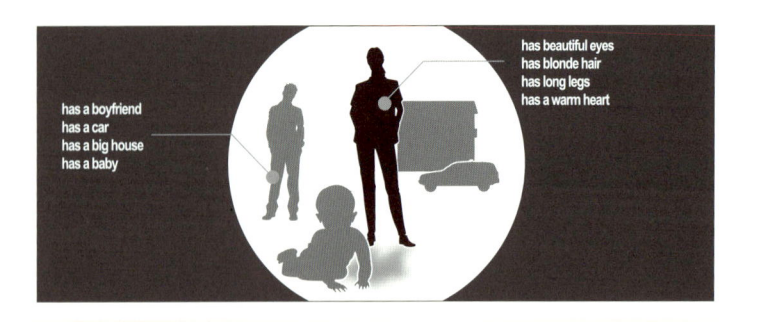

has a boyfriend
has a car
has a big house
has a baby

has beautiful eyes
has blonde hair
has long legs
has a warm heart

Check Point 1.　図式としてとらえる

have の近接の意識も、やはり図式として理解する必要があります。have することができるのは人だけではありませんし、haveする対象はペンなど、具体的なモノばかりではありません。

ⓐ This hotel **has** over 200 guest rooms.
（このホテルには200以上客室がある）
ⓑ He **has** a toothache.（彼は歯痛だ）
ⓒ Hurry up. We don't **have** much time.（急げ。時間ないよ）
ⓓ I **had** a hunch that she was up to something.
（彼女、なんか企んでいる気がしていた）

Check Point 2.　動作をあらわす have

have は have dinner（夕食を取る）、have a baby（子供を産む）、have a bath（風呂に入る）など、動作をあらわすことがしばしばあります。次の文を比べてみましょう。

ⓐ I **had** beer.（ビール飲んだ）
ⓑ I **drank** beer.（　〃　）

drank beer　　had beer

　　　　　　　　　　　have がもつ質感がわかりますね。「飲んだ」という動作を意味する場合でも、そのニュアンスは静的です。ⓑのようにゴクゴク

●動詞関連のイメージ●

飲む生々しさは一切感じられません。have は位置関係の動詞。動作専門の動詞とは受ける印象が異なるのです。

「所有」をあらわすその他の動詞

■own（所有する）

owner（オーナー）であるということ。名前が書いてあるような感触ですよ。
Who **owns** that flashy Mercedes?
（あの派手なベンツ誰の？）

■possess（所有する）

「しっかりと身につける」感触をつかんでください。お金や才能など、大切なモノ・貴重なモノにピッタリ来る動詞です。
He's wasted all the money he **possessed**.
（彼はもっていたお金すべてを無駄遣いしてしまった）

　「（悪霊などが）取り憑く」という変わった意味をこの動詞がもつのも、イラストのようにグッとつかんで離さない感じがするからです。こわっ。

■belong（属する）

「ピタッとくる」ということです。
I **belong** to a tennis club.
（テニスクラブに所属している）

　テニスクラブにピタッとはまりこむ場所があるということですよ。I don't feel I **belong** here.（なんだか居場所がない）はどうでしょう？　そう、「ピタッとこない」「しっくりこない」ということですね。

69

PUT [置く、など]

■基本イメージ

何かを
どこかにポン

　put の定訳は「置く」。ですがそれでは次のような文しか作れません。

She **put** beautiful flowers on my desk.
（彼女はきれいな花を僕の机に置いた）

　「置く」に留まらない豊かな使い方がこの動詞にはあります。「何かをどこかにポン」、という抽象的な図式でとらえましょう。

Check Point 1.　図式としてとらえる

　「置く」は固形物を平らな場所に、ということですが、put にはそんな制限はありません。「何かをどこかにポン」。この図式に当てはまれば何にでも使うことができます。それが put が基本動詞である理由なのです。

ⓐ I've **put** too much salt in the soup.
　（塩をスープに入れすぎた）
ⓑ You should **put** more emphasis on speaking skills.
　（もっと話す技術を重視しなくてはならない）
ⓒ You've **put** me in an awkward position.
　（君のおかげで厄介な立場になったよ）

Check Point 2.　ことば

　「ことば（を言う・書く）」にも put を使うことが出来ます。ことばや文をポンと置いていく感触が、この便利な使い方を生みだしています。

To **put** it bluntly, you're fired!
（実もフタもない言い方をするなら、おまえはクビだ！）

「配置」をあらわすその他の動詞

■lay（横たえる）

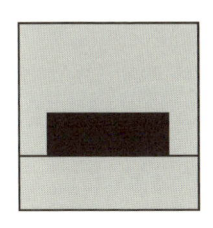

「横にして（flat）」が基本です。当たり前ですが。
She **laid** the baby in the cot.
（彼女は赤ちゃんをベビーベッドに横たえた）
　ちなみに「横たわる」は lie。

■place（置く）

ただ何気なく置くわけではありません。配慮が感じられています。心を傾けて・慎重に「置く」のです。

ⓐ **Place** the cards on the table in order of size.
　（カードを大きさの順にテーブルに置きなさい）

ⓑ **Place** the fax face down.
　（ファックス原稿の表を下にしなさい）

大学の職業指導部は placement office。クラス分けテストは placement test。ただ人を「置く」わけではありません。そこには細心の注意が払われているのですよ。

■**set（セットする）**

place 以上に慎重さ・正確さが感じられます。

He **set** the pan on the stove.
（彼は鍋をストーブにセットした）

そしてそのニュアンスの中心は「動かない」。set されたものはがちっと固定されます。set the alarm（アラームをセットする）、set rules（ルールを決める）。set menu（セットメニュー）で「椎茸が嫌いだ」と文句を言われても困ります。ゼリーやセメントが set したらもう動きません。set out（出発する）は旅程・計画がしっかりとset された旅行に出るのです。set about（始める）は、手順が決まった作業に着手するのです。「動かない」、それが set のイメージなんですよ。The rainy season has **set** in.（梅雨が始まった）のニュアンスももうわかりますね。ただの「始まる」ではありません。「梅雨はもう（しばらくは）動かない。終わらない」という意味ですよ。「うんざり」というキモチがよく出た文となっているのです。

5. 対人・コミュニケーションに関わる基本動詞
SPEAK [話す、など]

■**基本イメージ**
口から出す

「話す」と訳される単語のうち、もっともベーシックな意味をもつのがこの speak。音声を「口からベーッと出す」というイメージ。

He doesn't **speak** a word of Japanese.
（彼は日本語をひと言も話さない）

●動詞関連のイメージ●

「口から日本語を出す」ただそれだけ。そういえばステレオの speaker。やはり音声を出すだけの機械ですよね。

Check Point 1. ONE WAY

speak のイメージは一方通行(one way)の音声の流れです。そこから次のような使い方も生まれてきます。

ⓐ I hate to **speak** in front of people.【演説をする】
(人前で話をするのは嫌い)
ⓑ I've **spoken** to the neighbors about the noise.【意見する】
(近所のヤツにうるさいと意見をしてやった)

speech(演説)を行ったり、文句を言ったり。それは話し合いではありません。一方通行。だから speak が使われるのですよ。

TALK [話す、など]

■基本イメージ

コミュニケーションする

talk は双方向。コミュニケーションがある、それがこの単語のイメージです。

It's good to **talk**. (話すことは良いことだ)

もちろん、「口から音声を出すことが」ではありません。「誰かと話をすることが」、ですよ。

Check Point 1.　ONE WAY vs COMMUNICATION

　talkはコミュニケーションの動詞。ONE WAY の speak と対比しながらその質感を身につけましょう。

ⓐ The Minister **talked/spoke** on the economic crisis.
（大臣は経済危機について話をした）

　talk と speak、それぞれ見える情景がちがいます。speak はまさに演説。一方通行ですからね。それに対して、talk はコミュニケーションの動詞。会場と意見をキャッチボールする和やかな感触がでてきます。

ⓑ I don't want to **talk/speak** about that right now.
（それについて、今は話したくないな）

　もう微妙なニュアンスのちがいがわかりますね。speak は「口に出したくない」。一方、talk は「話し合いたくない」ということ。いつでも基本イメージのちがいは意味に反映されるんですよ。

Check Point 2.　電話で使うのは？

　これはおまけ。クイズです。
　電話で「クリスいますか？ ──僕です」は、Talking. とは言えません。さて、どうしてなんでしょうか。

Is Chris there, please? ─ [×] **Talking**.

　もちろんまだ「会話」が行われていないから。Speaking.（僕が声出してるんですよ）が正解です。

●動詞関連のイメージ●

「話し合い」をあらわすその他の動詞

■chat（おしゃべりする）

friendly talk。友達同士の気の置けない会話です。
She always **chats** with her colleagues at work.
（彼女は仕事中いつも同僚とおしゃべりしている）

■argue（口げんかする・議論する）

舌鋒鋭く議論します。
ⓐ I **argued** against keeping Tony as captain.
（トニーをキャプテンにしておくことに反対した）
この動詞がユニークなのは「口論・言い争い」につながるところ。
ⓑ You 2 are always **arguing**!
（君たち2人はいつも口げんかばっかり！）
激しい議論には感情がこもりがちですからね。

■discuss（話し合う）

この動詞がいつも discuss（[×] about) the matter（そのことについて話し合う）と、他動詞で使われることを思い出しましょう。「参加者がターゲットの話題に直接アタックをかける」といった感触の動詞だから他動詞の形をとるのですよ。

SAY [話す、など]

■基本イメージ

ことばに焦点

　sayは「ことばに焦点」が置かれています。いつでも「何と言ったか」が意識されています。

She just **said**, 'Good morning.'
(「おはよう」とだけ彼女は言った)

Good morning ということばを言ったということですね。

Check Point 1.　いつも「ことば」

　sayは常に「何と言ったか」に焦点があります。「ことば」を意識しながら次の文を眺めてみましょう。

ⓐ What did you **say**?（何て言った？）
ⓑ He **said** that he would get back to me.
　（彼は私のところに戻ってくると言った）
ⓒ The letter **says** we have won a trip to Hawaii!
　（手紙にはハワイ旅行が当たったって書いてあるよ）
ⓓ My watch **says** half past 5.（僕の時計では5時半）

　どの文も「ことば」に注目が集まっていることがわかるでしょう？ ⓐ「何と（いうことば）を言いましたか」、ⓑ「戻ってくる（ということばを）言った」ということ。またⓒ–ⓓ人だけがsayするわけではありません。

Check Point 2.　どう思う？

　sayの一風変わった使い方です。相手に「どう思う？」と考えさせる使い方。さて、どんなキモチで say を使っているのでしょう。

ⓐ **Just say/Let's say/Say** they don't lend you the money, what will you do?
（仮に彼らが君にお金を貸さなかったとしようか。どうする？）
ⓑ Why don't we meet, **say**, around 7?
（会わない？　そうだな、7時ぐらいに）

say の焦点は「ことば」。「こんなこと言ったらどう思う？」ってことなんです。ことばを相手に投げかけている意識で使う表現です。

TELL [話す、など]

■基本イメージ

メッセージに焦点

tell の焦点は「メッセージ」にあります。メッセージ・情報を「伝える」。あたかも手渡しするように、です。

She **told** me the news.
（彼女はニュースを教えてくれた）

Check Point 1.　いつも「メッセージ」

tell はいつも「メッセージ」。意識して読んでみましょう。

ⓐ I **told** her that I loved her.（彼女に好きだと伝えた）
ⓑ Just **tell** me why you want to quit.
（何でやめたいか教えてくれ）
ⓒ My instincts **told** me it was the right decision.
（それは正しい決定だと直感した）
ⓓ I **told** him to study harder.（もっと勉強しろと言った）

say のように「何と言ったか」ではありません。ⓐ「好きだと（いうメッセージを）伝えた」。tell は内容・メッセージに焦点が当たっているのです。

Check Point 2.　メッセージを発する ⇄ 知っている

典型的な思考の流れの 1 つ。次の文を見てみましょう。

ⓐ Can you **tell** decaffeinated coffee from regular?
（カフェイン抜きのコーヒーとレギュラーのちがい、わかる？）

ⓑ I could easily **tell** it was a fake.
（偽物だってカンタンにわかった）

「言うことができる」から「知っている・わかってる」にイメージが展開しているのです。かなり便利な使い方、是非身につけてくださいね。

ASK [尋ねる・頼む、など]

■基本イメージ

請う

ask のイメージは「請う（お願いする）」。ここから代表的な用法「尋ねる」「頼む」が生まれています。

ⓐ He **asked** me where I lived.
（彼は私にどこに住んでいるかを尋ねた）

ⓑ I **asked** John to help me.（ジョンに助力を頼んだ）

「尋ねる」も「頼む」も、その基本は「請う」にあります。「尋

●動詞関連のイメージ●

ねる」は答えや情報を請うこと。「頼む」は相手の助力・行動を請うこと。ask には、無関係な意味が突然同居したわけではないのですよ。

「相手への働きかけ」をあらわすその他の動詞

■beg（乞う）

beggar（乞食）を想像すればこの単語のもつ、プライドを捨ててすがりつくイメージが理解できますね。
I'm **begging** you to help us.
（お助けくださいとおすがりしているのです）

■persuade（説得する）

話し合いで相手を動かします。滑らかなトークが感じられます。
I **persuaded** her to marry me.
（彼女が私と結婚してくれるように説得した）

■order（命令する）

権威・力を背景とした You have to do it.（しなくてはならない）です。
My older sister is always **ordering** me around.（僕の姉はいつも命令ばっかり）

LET [～させる、なで]

■基本イメージ
同意（許可）

let のイメージは「同意（許可）する」。allow のような重々しい「許可する」ではなく、「～してもいいですよ」程度の、軽い感触の「同意（許可）」です。

Why won't you **let** me drive?
（なんで運転させてくれないの？）

「me drive（私が運転すること）に同意してくれない」ということです。

Check Point 1. 「許可（同意）」のバリエーション

let の「同意（許可）」に慣れてみましょう。

ⓐ Just **let** me make a phone call.（ちょっと電話かけさせて）
ⓑ I won't **let** it happen again.
　（二度とこんなことは起こさせない）
ⓒ **Let** me think about it.（よく考えさせて）

どの文にも軽い「同意（許可）」の意味が隠れています。ⓐ「かけるの許して」、ⓑ「起こることを許さない」、ⓒ「僕が考えることに同意して」、です。何度か口にだしてみましょう。すぐに慣れますよ。

Check Point 2. let's ...

Let's go to the party.（パーティ行こうぜ）

Let's は Let us。「(僕たちが)～するというアイデアに賛同してね」ということです、理屈を言えばね。だけどネイティブはそ

●動詞関連のイメージ●

んな風に考えて使っているわけではありません。「~やろうぜ!」と相手を引っ張っていく意識。そこにダイレクトにつながっています。
☞ **Shall we...?** (p.120)

「許可」をあらわすその他の動詞

■allow(許可する)

「受け入れる」がイメージ。
ⓐ I don't **allow** dogs in this house.
(この家に犬はだめ)
ⓑ We don't **allow** our students to use cell phones in the classroom.
(我が校では教室での学生の携帯電話使用は認めていません)

「受け入れない」ということですね。

■permit(許可する)

allow と比べ formal な感触です。お役所的と言ってもいいでしょう。
Smoking is not **permitted** anywhere in the building.
(このビルでは喫煙はいかなる場所でも認められていません)

■grant(許可する)

「目上が目下に」。下からの要請に応えて許可する・認める、そうした感触の単語です。
Do you think the university will **grant** my request for a sabbatical?
(大学は僕のサバティカルのお願い聞いてくれると思う?)

6. 知覚・思考に関わる基本動詞
LOOK [見る、など]

■基本イメージ
目を向ける

look は動作。「ん!?」と目を向ける動作です。

Look! There's a deer!
(見ろよ、鹿がいるよ！)

Check Point 1. 動作＋前置詞

look は「目を向ける動作」——ただそれだけの動詞なんですが、前置詞とコンビネーションで使うことによって実にさまざまな内容を表現することができます。look at（〜を見る）、look for（探す）などの「熟語」、みなさんよくご存じですね？「まとめて覚えろ」なんて言われたことはありませんか？

実は英語に意味不明の「熟語」などほとんどありません。使われている単語のイメージさえしっかりとつかんでいれば、苦労して丸暗記しなくてもすぐに身につけることが可能です。

I'm **looking for** my keys.（カギを探しているんだよ）

たとえばこの look for。単に「目を向ける」と、for（☞ **求めて (p.151)**）が単に合成されたにすぎません。「何かを求めて目を向ける→探す」というだけのことなのです。

●動詞関連のイメージ●

点に目を向ける
⇨「〜を見る」

視線が上を通過する
⇨「目を通す」

内部に目を向ける
⇨「調べる」

求めて目を向ける
⇨「探す」

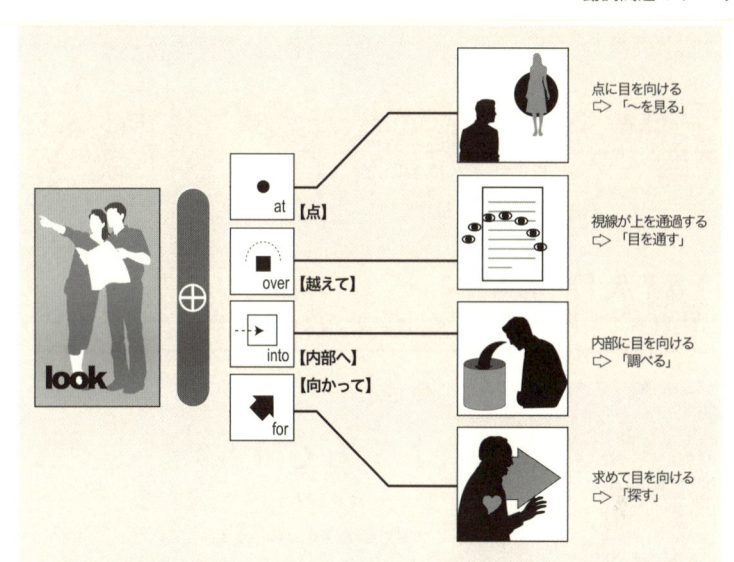

at【点】
over【越えて】
into【内部へ】
for【向かって】

look

Chapter 4. で前置詞の正しいイメージをしっかりつかんでください。基本動詞イメージと上手に「足し算」することによって、みなさんは「熟語」といわれてきたフレーズを苦もなく使いこなせるようになるはずです。そして、それがネイティブのやり方なんですよ。

Check Point 2. 「目を向ける」の広がり

look にも他の基本動詞同様、意味の広がりがあります。ただ、それは「目を向ける」から広がった単純なものばかり。例をあげておきましょう。

ⓐ I've **looked** everywhere but still haven't found them.
(そこらじゅう探したんだけど、まだ見つからないんだよ)
ⓑ This photo **looks** south over the lake.
(この写真は湖を見渡す南向きにとったものだよ)
ⓒ Can you **look** at my scooter? It's making funny noises.
(僕のスクーター見てくれる? 変な音がするんだよ)
ⓓ **Look**, Chris! I'm fed up with your whineing.
(いいかい、クリス。君の泣き言にはもううんざりなんだ)

ⓐ「そこら中を見る」から「探す」へ。ⓑ「目を向ける」から「〜の方を向いている」へ。ⓒ「目を向ける」には「調べてみる」などの意図が感じられますね。ⓓListen!（聴いて）と同じ、注目を集める使い方。もちろん「僕の言うことに目を向けろ」ということですよ。どれもすぐに使える単純なモノばかりですね。

WATCH ［じっと見る、など］

■基本イメージ

ジッと注視

watchdog は「番犬」。watchtowerは「望楼」。もうこれでわかってきましたね。watch のイメージは「注視する」ということ。じいーーーっと見る、集中力を感じる単語です。

Let's **watch** the fireworks.（花火見てようぜ）

Check Point 1. 「注視」を感じる

watch には常に「注視」が感じられています。look と比べてみましょう。

ⓐ Hey, **look** at the baby. How cute!
（赤ちゃん見てごらん。すっごくかわいい！）
ⓑ **Watch** the baby while I'm out, OK?
（私が外でている間、赤ちゃん見ておいてね）

look は単に「目を向けて」。だけど watch は「じーっと見ておいて（注意しておいて）」ということ。watch の集中力、伝わってきますね。

ⓒ I **watched** TV last night.（昨晩テレビを見たよ）

●動詞関連のイメージ●

watch からテレビの画面をグッと注視している姿が想像されましたか？ 動画を見ている状況には応分の注意力が感じられる、だから watch がピッタリくるんですよ。

Check Point 2. 「注視」の広がり

watch は「監視する」「注意する」も生み出します。「注意して見る」の自然な展開ですね。

ⓐ I think we're being **watched**. （僕たちは見張られてるようだ）
ⓑ **Watch** your head. （頭上注意）

SEE [見える、など]

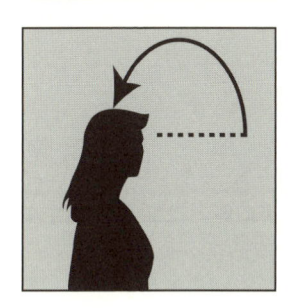

■基本イメージ
見える

see は積極的な行為・動きではありません。向こうからやってくるものを受け取る感覚。「見える」それが see の基本イメージです。

Can you **see** Mount Fuji?
（富士山見える？）

Check Point 1. see の「質」

seeを理解するためには、その「質」を感じ取らなければなりません。

ⓐ [×] **I'm seeing** the castle. （[○] I can see...)
　（お城が見えてるよ）

see は普通、進行形の形を取りません。それは「躍動感あふれる行為（☞ (p.216)）」ではないからです。see は「見える」、

85

look や watch などの動作とは異なるのです。ただ、「会う・付き合う」「幻影を見る」、こんな意味で使う場合には進行形は可能。

ⓑ Are you **seeing** anyone at the moment?
（誰かと付き合っているの？）
ⓒ I must be **seeing** things.（幻覚にちがいない）

「付き合う」はもちろん、「幻覚を見る」というのも—自分でありもしないイメージを作り出すという意味で—「積極的な行為」ですからね。ちなみに see からなぜ「会う・付き合う」が生じるかといえば……、もちろん「会っている」ときは「見えている」からですよ。

Check Point 2. 心とつながる see

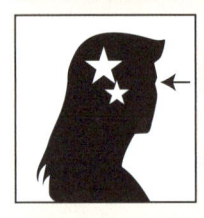

see は look や watch のように単なる目玉の運動ではありません。「見える」は、頭の働きです。だからこそ、「心の活動」をあらわす使い方が豊富に生まれています。

ⓐ Oh, I **see**.（わかったよ）

see が理解の意味で使われています。「理解」とはアイデアに目を向けて頭に入れるという過程。see の基本イメージにピッタリと当てはまる、だからこそ see が用いられているんです。日本語でも「その話、見えないんだけど」と言ったりしますね。こうした使い方は、もちろん look などにはできません。see は心の働きと直結した単語なのです。他の例も見てみましょう。

ⓑ As you can **see**, the car is in perfect condition.
（ご覧の通り、そのクルマは完璧な状態です）
ⓒ OK. I'll **see** what I can do.
（いいよ。何ができるか考えてみる）
ⓓ Can you **see** Brian as a nurse?
（看護士のブライアン、想像できる？）
ⓔ **See** if there're any stamps in that drawer, will you?

●動詞関連のイメージ●

(あの引き出しに切手があるか確かめてくれる?)

どの使い方にも「見える」からつながった心の働きが感じられるでしょう?「頭で感じる単語」このことを意識しながら繰り返してください。すぐに自分で使えるようになります。

心とつながった see の例をもう1つ。

ⓕ I'll **see** that they do a good job.
(彼らが良い仕事するように計らうよ)
ⓖ Don't worry — I'll **see** to everything.
(だいじょうぶ。私がすべてうまく行くように差配します)

「目配りするよ」。常に目を光らせてうまく運ぶようにする、というニュアンスです。内面の活動まで含み込んでいるからこそ、see が使われているのです。ちなみに oversee は「監督する」という動詞でしたね?「上から目を光らせる」、もうみなさんには see のニュアンスがイキイキと感じられるはずです。

LISTEN [聴く、など]

■基本イメージ

耳を傾ける

listen のイメージは「耳を傾ける」。意識的な行動です。

Are you **listening** to me?
(僕の言うこときいてる?)

Check Point 1. listen と hear

次の文、みなさんなら listen/hear のどちらを選びますか?

87

Listen./Hear.（いいかい）

listen が正解。私の言うことに「耳を傾けなさい」ですからね。

Check Point 2. 「耳を傾ける」から…

「耳を傾ける」は次のような使い方にも広がります。

My parents never **listen** to me.
（両親は私の言うことをきいてくれない）

「耳を傾ける」から「（アドバイス・説教など）言うことをきく」につながっています。

HEAR [聞く、など]

■基本イメージ
聞こえる

hear は see と同様、「受け取る」動詞です。

Can you **hear** that strange noise?
（あの変な音、聞こえる？）

Check Point 1. hear の「質」

see と同じように、hear が動作ではないことに注意しましょう。

[×] What are you **hearing**?（[○] listening to）
（何をきいているの？）

意図的に hear することはできません。向こうからやってくる、それを受け取る、それが hear の質感なのです。

●動詞関連のイメージ●

> **Check Point 2.** 聞いている ⇄ 知っている

hear のもつ典型的な意識の流れの 1 つに「聞いている ⇄ 知っている」があります。

Did you **hear** that Kiyomi had a car accident?
（清美が事故ったって聞いた？）

この文は単に「聞いたかどうか」を尋ねているわけではありません。「知っていますか？（Do you know...?）」に焦点があります。tell 同様、hear の「知っている」への流れは大変一般的です。

> **Check Point 3.** 聞いている ⇄ 連絡がある

これもポピュラーな意識の流れ。

Have you **heard** from the travel agent yet?
（旅行社から連絡あった？）

hear の「受け取る」質感が、連絡を受けるところに拡がっています。もちろん電話のような音声に限っているわけではありません。手紙でも電報でもなんでもけっこうですよ。

「5 感」をあらわすその他の動詞

「みる」「きく」。この 2 つの感覚は、意図的な動作を示す動詞（look、watch など）と、「受け取る」タイプの動詞（see など）に―単語レベルで―分かれていましたね。ですが、より鋭敏でない味覚・嗅覚などでは、1 つの動詞が両方の働きを担っています。

■smell（臭いがする・臭いをかぐ）

まずは smell。嗅覚をあらわす最も一般的な動詞。
ⓐ We can **smell** the sea from here!
（ここから海のにおいがするよ！）
ⓑ **Smell** this chicken. Do you think it's off?
（このチキン臭いかいでみなよ。傷んでる？）

ⓐは向こうからやってくる感覚、ⓑは積極的にクンクン「嗅ぐ」という行為をあらわしていますね。ちなみに smell はそれだけで使うと「不快な臭い」となります。
ⓒ Your feet smell.（足臭うよ）

いい香りを意味したければ、These flowers smell wonderful!（この花とってもいいにおいがする）など、ことばを足す必要があります。

■taste（味がする・味見をする）

次は taste。味覚をあらわす代表語です。
ⓐ Can you taste the cinnamon in the apple pie?
（このアップルパイ、シナモンの味がする？）
ⓑ Taste this chocolate cake — it's yummy!
（このチョコレートケーキ食べてみなよ——おいちー！）。やはり2つの感覚が同居していますね。

■feel（手触りがする・感じ取る）

最後は触覚。皮膚感覚の動詞です。
ⓐ I felt something brushing against my leg, and then a sharp sting.
（何か足にさわさわっとしたと思ったら、グサッときた）
ⓑ Feel this cashmere sweater — it's so soft and warm!
（このカシミアセーター触ってみて——とってもやわらかであったかい！）

この動詞は皮膚感覚の延長線上で「感じる」一般をあらわすこともできます。
ⓒ I felt her contempt for me.（彼女の軽蔑を感じた）

FIND [見つける・わかる、など]

■基本イメージ
見つける

find は「見つける」。とってもカンタン。

I **found** my keys.（カギを見つけた）

Check Point 1. 図式としてつかむ

find はたいへん一般的な図式をあらわす動詞です。「見つける」に限らず、「わかる」に用法を広げます。

ⓐ I arrived only to **find** that the meeting had been cancelled.
（到着してミーティングがキャンセルされたことがわかった）
ⓑ I think you'll **find** Ken's report interesting.
（ケンのレポートがおもしろいことがわかると思うよ）
ⓒ To my surprise, I **found** that I loved working in a team.
（驚いたことに自分がチームで仕事するのが好きだということがわかった）

「見つける」と「わかる」は、今まで見えていなかったものを見いだすという、同じ図式ですよね。「わかる」というキモチで find を使ってみましょう。すぐに同じ感覚だとわかるはずですよ。

「見つける・気づく・わかる」をあらわすその他の動詞

■discover（発見する）

cover を外す（dis-）から「発見する」。この動詞には「おお」が感じられます。驚き・喜びなど。「すごい」という感触。コガネムシの新種発見などの科学的発見に限らず使うことができます。

I've finally **discovered** how to please my boss!
（やっとボスの喜ばせ方がわかったよ）

■notice（気づく）

sense（感じる）に近いイメージ。感覚エリアに何かが入ってくる感触がしています。さまざまな情報に「気づく」ことができます。
Did you **notice** how tired Sheila looked?
（シェイラがものすごく疲れてそうだったのに気がついた？）

■recognize（見覚えがある [誰かが何者かということがわかる]）

この単語のイメージは「知っている」。過去の知識を参照して「あ。あの人だな」、それが recognize。

ⓐ Oh, hi! I thought I **recognized** you. It's been so long, right?
（お。やぁ。見覚えがあると思ったんだよ。随分お久しぶりだね？）

ⓑ I didn't **recognize** you. You've changed a lot.
（君がわからなかったよ。すごく変わったから）

ちなみにこの単語にはもう1つ、「認める・認知する」という

●動詞関連のイメージ●

使い方もあります。
ⓒ Will Hamas ever **recognize** Israel as a nation?
（ハマスはイスラエルを国として認めるだろうか？）
やはりこれも「知っている」がベースにあります。その価値や正当性を知ったうえで受け入れる、ということだからですよ。

■realize（気づく・理解する）

ぼんやりしていたものをクッキリとリアルに自覚する・わかる・理解する、それがrealizeのプロセスです。だって「realにする」ってことだからね。
We didn't **realize** how important this would be for our family.
（われわれの家族にこれがどれほど重要な意味をもつのか気がつかなかった）

ちなみにこの単語は「実現する」にも使います。やっぱり「realにする」ってことだから。

KNOW [知る・知っている、など]

■基本イメージ

頭のなかにある

know は情報が「頭のなかにある」。もちろん「正しい・確実な」情報として意識されています。

I **know** him well.（彼をよく知っている）

Check Point 1.　知っている ⇄ 確信

know している内容は「正しい・確実」。確信があります。次の文を見てみましょう。

ⓐ I **know** he is a good man.
　（アイツはいいヤツだよ）
ⓑ I **know** I won't pass the test.
　（私、テスト受からないってわかっているわ）

　　ⓐ「いいヤツだよ、まちがいない」、ⓑ「絶対受からないわ。私確信してる」、というニュアンスを受け取ることができましたか？　次も同じ。

ⓒ How do you **know** he isn't lying?
　（どうしてアイツがウソついていないってわかるんだよ？）

相手の確信の出所を尋ねている文なんですよ。

Check Point 2.　知 ⇄ 力

　　知は力なり。know は知識をもっているだけに留まらず、それを使って「(何かが)できる」という深みにつながっています。

ⓐ She **knows** Spanish.
　（彼女はスペイン語を知っている）
ⓑ Chris **knows** how to bake scones.
　（クリスはスコーン焼けるよ）
ⓒ That chef really **knows** his stuff.（あのシェフはプロだ）

「彼女はスペイン語を知っている」。もちろん単にスペイン語の知識があると言っているわけではありません。彼女はスペイン語を自由に使える、話し手はそうした意識でこの文を使っているのです。

●動詞関連のイメージ●

Check Point 3. 知っている ⇄ 理解する・気づく・経験する

know（知っている）は「理解する・気づく・経験」を通して得られるもの。

ここから understand、realize、experience などに相当する使い方も生まれます。

ⓐ ... Do you **know** what I mean?【説明のあと】
　（僕の言うこと理解した？）
ⓑ Suddenly, we **knew** that we were in big trouble.
　（とんでもないトラブルに巻き込まれていることがわかった）
ⓒ I've never **known** a summer like it.
　（こんな夏経験したことがないよ）

Check Point 4. 知っている ⇄ わかる

たとえば、みなさんが「山田さんを知っている」としましょうか。ここで問題。街で山田さんと会ったとき「ああ、山田さんだな」とわかりますか？──もちろんわかりますよね。「知っている」とは、「ああ。それだよ」とわかる・判断する力とつながっているのです。

ⓐ I **knew** it was him as soon as I heard his voice.
　（声を聞いた途端、彼だとわかった）
ⓑ You'll **know** the place when you get there.
　（着いたらどこかわかるよ）
ⓒ A man is **known** by the company he keeps.
　（友達をみればどういう人かがわかる）

THINK [思う・考える、など]

■基本イメージ
「思う」万能選手

　thinkは「思考」をあらわす、もっともふつうの単語。漠然と「思う」からグリグリ頭を使って「考える」までカバーする、思考の万能選手。

ⓐ I **think** she likes me.（彼女は僕のこと好きだと思う）
ⓑ I need more time to **think**.（もっと考える時間がほしい）

BELIEVE [信じる、など]

■基本イメージ
胸深くに根を下ろす

　believeは「信じる」。thinkが頭の動きをあらわす単語であるのに対してbelieveは胸で感じる単語です。深いレベルでの信頼・確信。それがbelieveです。

I always **believe** him.（いつでも彼のことを信じてる）

Check Point 1.　believe と believe in

　しばしば問題となるbelieveとbelieve in。inがニュアンスの

ちがいをもたらしています。

ⓐ I **believe** our leaders. (私たちのリーダーを信じています)
ⓑ I **believe in** our leaders. (　　　　〃　　　　)

どちらも「信じる」ことに変わりはありません。ですが in のイメージ (☞ **(p.155)**) を思い出しましょう。in は「内部」を感じさせる単語。その信頼が一段と深いところまで及んでいることが感じられるんですよ。believe in は、「リーダーの言うことⓐ」という表面的な信頼ではなく、リーダーの人格・人となりなど深い部分に到達しているのです。

Check Point 2.　can't believe

can't believe は日本語の「信じらんないよ」とほぼ同じトーンをあらわします。意外さ・心外さ・心底のむかつきをあらわす便利な表現。僕はたいへん頻繁に使います。中年はストレス溜まりますからね。

ⓐ I missed a 2-foot putt. I just **can't believe** it.
（2フィートのパットはずしちまった。信じらんねーよ）

相手にも同意を求めたかったら疑問形。僕はこれもたいへん頻繁に使います。中年は寂しがり屋さんだから。

ⓑ **Can** you **believe** it?（信じられる？　そんなの。）

「思う」「信じる」をあらわすその他の動詞
■expect（予期する）

事態がこう進んでいく、と思うということ。「当然こうなるだろ」という意識です。
I **expect** they'll be back soon.
（彼ら、すぐに帰ってくると思うよ）

■consider（熟考する）

　頭をグリグリ動かして考えています。何かを判断しようとする感触があります。
ⓐ We should **consider** the matter carefully.
（それはしっかり考えてみる必要があるね）
　たまに出合うのが「見る」という使い方。この動詞は以前「星を観察する」という意味をもっていたのです。
ⓑ He **considered** the painting for a long while, but then decided not to buy it.
（彼はその絵を長い間見ていたが買わないことにした）
　consider の「見る」は「熟考する」と、無縁なわけでは決してありません。ジッと眺めながら「この絵はどんな価値があるんだろう」などと「考えて」いる様子がうかがえるのです。

■imagine（想像する）

　情景を眺める感触をもっています。image（イメージ）ですからね。
I can't **imagine** living without you.
（君なしで生きていくことなんて想像もできないよ）

■guess（推測する）

　至って軽いタッチの動詞。確信なんてありません。筋道立てて考えているわけでもありません。「ま、こーゆーことなんじゃないかな」。
Well, I don't really want to go, but I could show my face, I **guess**.
（うん、そんなに行きたくはないんだけど、顔を出すくらいはできるんじゃないかと思うよ）

●動詞関連のイメージ●

■suppose（思う・仮定する）

「下に置く」が語源。イメージは「心に置いた土台」。ここから「きっと～だと思う」が生まれています。

ⓐ He'll be coming later, I **suppose**.
（彼、後から来ると思うよ）

心のなかで当たり前のものとして「置いている」事柄ということです。この動詞は「仮定する」という意味でも使われます。

ⓑ **Suppose** your wife left you, what would you do?
（君の奥さんが君を捨てたらどうする？）

もちろんこれも土台。your wife left you を前提としておいたらどうなる？ ということですからね。また、よく使われる be supposed to は「決まり事（ということになっている）」。

ⓒ Hurry up! We**'re supposed to** be at the restaurant by 7:30.
（急げ。レストランに 7:30 までに行くことになっているんだよ）

規則、法律、約束事などそれに基づいて行動すべき土台、ということですよ。どの用法も「土台」。それが suppose。

■assume（思う・想定する）

イメージは「受け入れる」。

ⓐ Federer gradually **assumed** control of the match and in the end won comfortably.
（フェデラーは徐々に試合の主導権を握り、最後は楽に勝った）

「思う」という意味で使われてもそのイメージは変わりません。「そういうことだ」と受け入れる（＝信じる）、それが assume。

ⓑ The door was locked so I **assumed** nobody was home.
（部屋はカギがかかっていたから誰もいないと思っていた）

この単語には「仮定する・想定する」という使い方があります。Let's assume...、もちろん「～ということを受け入れてみよう」

ということですよ。

■presume（思う）

pre-（前）を含んでいることに注目しましょう。「予断」それがイメージです。事実を確認してはいない、という意識が含まれています。

ⓐ You are a university student, I **presume**?（君は大学生だよね？）

予断は常に間違っているかもしれない危うさを含んでいます。

ⓑ I just **presumed** he was telling the truth. More fool me!
（彼は本当のことを言っていると思ったんだけど、ばかだったなぁ、僕！）

■wonder（思う）

「？」が基本イメージ。「これはなんだろう」「何が起こっているんだろう」そうした疑問を感じているのです。

ⓐ What are they going to do now, I **wonder**?

（これから彼ら、何をするつもりなんだろう）

「驚く」と訳されることもありますが、やはり「？」が感じられています。

ⓑ Sometimes I **wonder** what the world is coming to.
（ときどき世の中はえらいことになってるなと驚かされるよ）

「信じられない」「一体どうなってるんだろう」と大きな「？」が感じられています。だって金髪で街を歩かれたらびっくりするだろう。

■doubt（疑う）

「そうではない」と思う心の動きです。
I **doubt** we'll ever see him again.

（彼にはもう二度と会わないと思う）

■suspect（〜ではないかなと思う）

すぐにはわからないことを複雑な道筋を追いながら「〜じゃないのかな」。suspect するネイティブは眉根を寄せ緊張の面持ちですよ。
I **suspect** he's not being totally honest about the situation.
（彼はその状況について完全に正直には語っていないと思うな）

■trust（信頼する）

正しい・善良だ・間違ったことをしない。正しさを強く信じることです。
I just don't **trust** him.
（僕はまったく彼を信頼していないよ）

WANT ［欲しい、など］

■基本イメージ
切実な欲求

want のベースには「欠けている」があります。欠けているものを補いたい、切実な欲求。生々しく直接的な質感。それが want のイメージ。

He **wants** Akina to marry him.
（彼は明菜と結婚したがっている）

Check Point 1.　「必要」の want

want のベース、「欠けている」が「必要だ」につながることがしばしばあることに注意しておいてくださいね。

ⓐ You'll **want** to do something about that cut.
（その切り傷、何か手当する必要があるな）
ⓑ My engine really **wants** tuning.
（このエンジン、調整必要だよ。まじで。）

Check Point 2.　I want...

want で注意が必要なのは、I want。want の生々しさは、主語 I と結びつくと特に「私欲しい欲しい欲しい」という子供じみた感触につながりがち。

Mom, I **want** an ice cream.
（ママ、アイス欲しい）

そのため英語では、I'd（would）like という言い換えを用意しているんですよ。

●動詞関連のイメージ●

思考をあらわすその他の動詞

■would like（欲しい・したい）

want の生々しさから離れるための婉曲的な言い回し。
ⓐ What would you like to drink?
（お飲み物は何になさいますか）
ⓑ I'd like to know more about Japanese culture.
（日本の文化についてもっと知りたいと思っています）
☞ would と used to（p.128）

■hope（望む）

ほんわか待っている、それが hope です。「こうなったらいいなぁ」「こんなことになりそうだなぁ」とその実現を待っているのです。
I hope everything goes well with you.
（全部うまく行くことを願っていますよ）

これからこうなったらいいな、と未来での実現を「待つ」のはもちろん、現在のことについて I hope you're enjoying this party.（このパーティを楽しんでいただけるとうれしいんですが）と使う場合も、キモチとしては、「ええそうなんです。楽しいですよ」と、相手のリアクションでその hope の実現が確認されるのを待っているのです。あああくまでホンワカ。

■wish（願う）

ドリーミーな質感の単語です。want のような生々しい欲求は感じられません。この動詞が大変かしこまった言い方に響くのも生々しい実感を欠いたところにその理由があります。
ⓐ If you wish to smoke, you'll have to go out on to the balcony.

(ご喫煙の際はバルコニーでお願い致します)

　もちろんこのドリーミーな感触はお祝い事などにもピッタリ。

ⓑ We **wish** you a Merry Christmas.
　(たのしいクリスマスが訪れますように)

　この動詞が仮定法と仲が良いのももううなずけるでしょう。

ⓒ I **wish** I had a sports car.（スポーツカーもっていたらな）
　仮定法は非現実的なドリーミーな想定。ピッタリですよね。

Chapter 3
助動詞関連のイメージ
Modal auxiliary verb images

助動詞は話し手の心をあらわす大切な要素。ここでも非常に単純なイメージがさまざまなニュアンスへと拡がっていきます。心理をあらわす助動詞の代表選手、must、may、can、will を中心に、他の心理をあらわすフレーズにまで解説を進めていきます。しっかりイメージをつかむんだよ。

●助動詞関連のイメージ●

MUST [〜しなくてはならない・〜にちがいない]

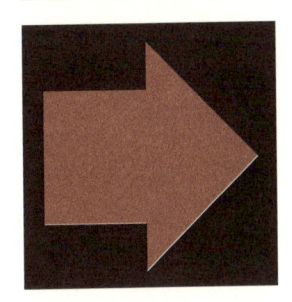

■基本イメージ
高い圧力

　must のイメージは「高い圧力」。私たちを強い力で押していくこのイメージが、 A. 行動への圧力 （〜しなくてはならない）、 B. 結論への圧力 （〜にちがいない）につながっていきます。

A. 行為への高い圧力

ⓐ I **must** call my parents. They'll be worried sick about me.
（両親に電話かけないと。僕のこととっても心配しているだろうから）

　話し手が非常に高い、行為への圧力を感じていることがわかるでしょう？「どうしてもいかなくてはならない」、そうしたのっぴきならなさが感じられています。

ⓑ You **must** try to be more patient.
（もっと忍耐強くするようにしなくてはいけない）

　主語を代えてみましょう。この文には相手に対する、ほとんど命令といってもいい程の高い圧力が感じられます。高い圧力、それが must のイメージの本質なんですよ。

B. 結論への高い圧力

　「高い圧力」——まったく同じイメージが must のもつ、もう 1 つの重要な用法「ちがいない」を生み出します。

Oh, you passed the entrance exam? Your parents **must** be delighted.

（入試受かったんだって？　両親はさぞお喜びでしょう）

　ある結論に至らざるを得ない高い圧力が感じられていることがわかりますね。「試験に受かったなら当然両親はうれしいはずだ」。「A、B、C の次は D」「1、2、3 と来たら次は当然 4」。間違えようのない結論に向かう強い流れ。それが must の「ちがいない」なのです。

Check Point 1.　must には過去形がない

　must には過去形がありません。かわりに使われるのは、have to の過去形 had to です。

ⓐ I **must** go home.（うちに帰らなくちゃ）
ⓑ I **had to** go home.（うちに帰らなくちゃならなかった）

　must の強烈な圧力は、私たちに行為や結論を命じる生々しい質感。「今・ここに」感じられる高い圧力。だからこそ、ネイティブにとって must に過去形がないのは不思議でも何でもないんですよ。

☞ **HAVE TO (p.123)**

Check Point 2.　好意的な must

　must の高圧は、強制的な方面にだけ働くわけではありません。「しなくちゃいけませんよ」日本語同様、たいへん熱心で好意的なお勧めにもつながります。

You **must** go to the Picasso exhibition. It's just wonderful!
（ピカソの展覧会にいかなきゃならないよ。すばらしいとしか言いようがない！）

●助動詞関連のイメージ●

MAY [〜してよい・〜かもしれない]

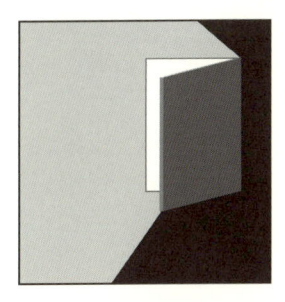

■基本イメージ
開かれたドア

may は「開かれたドア」——閉ざされていないということ。それが A. 許可、B. 可能性、などを生み出す原動力となっています。

A. 許可

You **may** borrow books from our library.
(この図書館から本を借りてもよろしい)

　権威主義的な、上の者が下に与える許可。それが may のニュアンスです。この堅苦しいフォーマルな感触はもちろん基本イメージ「開かれたドア」から生まれるニュアンス。ドアを開き、通行を許可する主体が感じられているからなのです。上の文からも、お役所的な「上から目線」を感じることができますね。

B. 可能性

I **may** be gone for quite a while.
(これからかなり長い間どっか行ってるかもしれない)

　may は可能性もあらわします。ただこの可能性、開かれている程度ですからたいした可能性ではありません。半々程度のもの。「そうなるかもしれないし・そうならないかもしれない」——要するに、「よくわかんない」。それが may のあらわす可能性なんですよ。今度ネイティブが may というときの表情を観察してくださいね。

109

「よくわかんない」って顔してるから。

Check Point 1.　神様文の may

May your married life be filled with happiness!
（あなたの結婚生活が、幸せに充ちたものになるよう）

　「祈願文」と呼ばれる、神様どうかお願いしますの文。この用法は「許可」の延長線上にあります。神様は圧倒的な権威者。それに対する願い事は「〜をご許可ください」というニュアンスになるのは不思議ではありませんからね。

Check Point 2.　may の禁止・must の禁止

ⓐ You **may not** smoke here.
（ここでタバコをすってはいけません）
ⓑ You **mustn't** smoke here.
（　　　　　〃　　　　　）

　may not と must not。日本語に訳すと同じになってしまうこともありますが、この 2 つは感触がまったく異なります。may not は平板な言い方。「許可しません」。公の権威が禁じている感触が漂います。禁煙場所を示す看板に書かれていても不思議ではない表現です。一方 mustn't は「ダメ。絶対ダメ。とにかくダメ」。はるかにキツく高圧的な命令なのです。ただここで誤解していただきたくないのは、may は「ゆるやかな禁止」ではないということ。may not だからといって「多少は許される」わけではありません。単に言い方がソフトなだけ。ダメなものはダメなのですよ。

☞ MUST（p.107）

●助動詞関連のイメージ●

CAN [できる・〜していい・〜しうる(ときに〜することもある)]

■基本イメージ

潜在

　canは「潜在」——何かの内部にある力・性質への注目。内部を見通す探る目つきです。この基本イメージが、A. 能力、B. 許可、C. 潜在的な可能性など、canの用法すべてを生みだしています。

A. 能力

I **can** speak English.（英語を話せるよ）

　能力とはやろうと思えばいつでも取り出せる力——「潜在力」ですよね？

B. 許可

You **can** stay at my place.
（僕のところに泊まっていいよ）

　canはフレンドリーな軽さをもった許可をあらわす表現。このフレンドリーなニュアンスは、canが「君にはそうした自由があるんだよ」と、相手が潜在的にもつ自由度に焦点を当てているから。mayのように上から許可を与えるというニュアンスではないからです。

C. 潜在的な性質

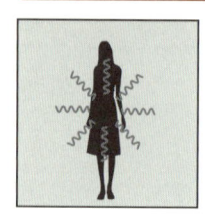

ⓐ Tokyo **can** be very cold in April.
（東京は4月にとても寒くなることがある）

「ときには〜する・〜しうる」と訳されるこのタイプの文がもつ、目つき・語感に注意しましょう。上の文は、東京はとても寒くなる性質を秘めているということ。そうした状況を引き起こすタネ――潜在的な性質を見通しているのです。

ⓑ My boyfriend **can** be so selfish at times.
（私のボーイフレンドはときおりものすごくわがままになることがあるのよ）

私のボーイフレンドに潜在する性質について述べた文。ボーイフレンドの内面に向けられた目つきが感じられますね。

Check Point 1. いつでも潜在

can はいつでも A–C に分類できるわけではありません。だけどその意味の基本はいつだって「潜在力」にあります。たとえば「励まし」。これだって潜在力です。相手にそうした力がある、隠れている、それが「励まし」のニュアンスにつながっているんですよ。

We **can** beat them!（僕らならあいつらをやっつけられるよ！）

分類にこだわることはありません。「潜在」のイメージをしっかりとつかむこと、それで十分 can を使いこなすことができます。

Check Point 2. 強い否定・強い疑念

次の会話文を見てみましょう。

A: Chris is getting married to Catherine.
B: Come on, man! **That can't be true.**
（A:クリスはキャサリンと結婚する予定なんだよ。B:おいおい！そんなのホントのわけがないだろ）

感情が色濃く乗った強い否定です。どうしてこんな意味になるのかわかりますか？ それはね、やっぱり can の「潜在」から。「クリスがキャサリンと……」どう目を凝らして探ってみても、それが「本当 (true)」である理由が見あたらない、そんな可能性は潜在していない——ここから強い否定につながっています。

A: A woman has 7 children and half of them are boys.
B: **Can that be possible?**
(A: ある女の人は 7 人子供がいてその半分が男の子なんだ。B: そんなことありえるのかい？)

この文にも、通常の疑問文 (Is that possible?) よりはるかに強い疑念が感じられます。「そんなことホントに可能なのかよ」ぐらい。どう考えても可能性が見えてこない。そこから強い疑念が生じているんですよ。

Check Point 3.　can の許可・may の許可

　　　can の許可と may の許可。どちらも許可をあらわしますが、何も考えず反射的に出てくるのは can の許可。

ⓐ You **may** come in.（入ってよろしい）
ⓑ You **can** come in.（入っていいよ）

　「開かれたドア」の may には、権威的な「上の者が下に許可を与える」「堅苦しい」という感触が付きまとうから。気の置けない間柄では can が圧倒的に普通なのです。

ⓒ **May** I use your car?（車を借りてよろしいでしょうか）

　may が使われる場合にはある種の「意図」があります。「相手が自分よりも上だな」「これはちょっと厚かましいかな」、あるいは「フォーマルな雰囲気を文に加えておこうかな」、そうした心理上の「ブレーキ」が can を思いとどまらせ、may を選ばせるのです。

☞ **MAY (p.109)**

Check Point 4.　may の可能性・can の潜在性

can の「ときに〜することもある・〜しうる」と、may の「〜かもしれない」、文法書によっては「可能性」ということばをどちらにも使っていることがありますが、あらわしている内容はまるでちがいます。

ⓐ My boyfriend **may** be very selfish.
ⓑ My boyfriend **can** be very selfish.

may を使ったⓐの場合、ボーイフレンドはわがまま（selfish）かもしれないし、そうじゃないかもしれない……つまりは「わからない」ということ。ⓑの can にはそんな不安定な感触はまったくありません。ボーイフレンドの内面をしっかり見通した発言。ときどき顔を出す、そうした潜在性に焦点がある意味内容になっているんですよ。

☞ MAY (p.109)

Check Point 5.　can と be able to

be able to = can。こんな文法事項を覚えたことありませんか？だけど、この「公式」には注意が必要です。be able to は単なる「できる」。「潜在」などといった深みはありません。特に過去を述べる際、この２つの表現は微妙に意味が異なります。

ⓐ I **was able to** fix the problem.
　（その問題を片付けることができた）
ⓑ I **could** fix the problem.　(　　　　〃　　　　)

訳は同じになってしまいますが、意味はちがいます。ⓐは実際に「問題を片付けた」。ところがⓑの can は潜在力―「やろうと思えばできる」―をあらわす表現。つまりこの文は「問題を片付

●助動詞関連のイメージ●

けようと思えばできたよ」と言っているのです。もうみなさんは次の文のおかしさがわかるでしょう？

ⓒ [×] Fortunately, she **could** get out just before the building collapsed.
（幸運にも彼女はビルが崩れる前に逃げ出すことができた）

この文は「幸運にも逃げることができた、実際」と言いたいのです。だけど……「やろうと思えば逃げられた」なんじゃそりゃって文になってしまっていますね（正しくは was able to）。この種の「ゆるい（不完全な）」文はネイティブだってしばしば作りがち。神経質になることはありません。だけど頭の片隅においておけば、きっとどっかで役に立ちます。

WILL [〜だろう・〜するよ]

■基本イメージ
精神の活動

will の基本イメージ。それは精神の活動。具体的には **A. 予測**、**B. 意志** をあらわします。どちらの用法にも力強い精神の活動が感じられますね。

A. 予測

It **will** rain tomorrow.（明日は雨だよ）

will は「〜だろう」と訳されることが多いのですが、そうしたあやふやな意識ではありません。鮮明に見通す感覚をともなっています。まだ見ぬ事態。だけど話し手には確信があり、自信があります。

B. 意志

「～するよ」という意志。これも will の代表的な用法です。この will には頭の中でカチッとクリックが鳴ったような感触が伴っています。次の will なしの現在形文と比べてみましょう。

ⓐ I **go** to school by bus.
（バスで学校に行きます）
ⓑ I**'ll** go to school by bus.（バスで学校行くよ）

現在形の文があらわしているのは習慣。「（普段・毎日）バスで行きます」という平板な文です。ところが will が加わった途端「バスで行くよ」、ほら頭にクリックが鳴りました。I **take** a taxi. は「タクシーに乗ります（普段）」、I**'ll** take a taxi. は「タクシー乗るよ」とクリック。このクリックの感触を大切にしてくださいね。

☞ 現在形（p.209）

Check Point 1. 強い傾向（法則・習慣）

ⓐ Accidents **will** happen.（事故は起こるものだ）
ⓑ My brother **will** leave the toilet seat up all the time!
（私の兄、いつだって便座を上げたままにするのよ）

will には強い傾向（法則・習慣）をあらわす用法があります。これは「予測」と目と鼻の先にある使い方。強い傾向とは「起こると予測できるもの」だからです。「事故→起こる」「兄→便座あげたまま」という強い流れを意識して何度も読んでみてください。すぐに身につきますよ。

本来ここで説明を終わりにするべきなのでしょうが、もう少しだけ細かい語感に踏み込ませてください。実はⓑのように人の習

●助動詞関連のイメージ●

慣をあらわす場合、強い傾向と同時にかすかな行為への「意志（執着）」も感じられています。「執拗に便座上げたままにするのよね」。単なる「そーゆー習慣がある」以上のニュアンスが感じられているのです。

Check Point 2. 　反逆の will

will は「〜するよ」程度の軽い意志から「〜するぞ」という強い執着まで自由にあらわすことができます。最高度に強い will。それが「反逆の will」です。

この will は相手の「君はどうせ……」「〜してはだめだよ」などという否定的な見解を跳ね返すタイミングで使われます。（ここで WILL は強く読まれ、もちろん短縮もされません）

A: Listen, you can't marry him. End of story!
B: I **WILL** marry him, Dad!!
（A: いいか。ヤツと結婚は許さん。以上！　B: 絶対結婚するわ、お父さん！！）

Check Point 3. 　強制の will

will は自分の行動を意志するだけではありません。相手の行動を自分の意志でコントロールすることも可能です。

Look. You **will** pay back every penny you owe him.
（いいかね。彼に借りているお金を残らず返すのだ）

相手に自分の意志を覆い被せてコントロールする、非常に強い命令の意味合いをもつ用法です。

Check Point 4. 　will は未来専門ではない

They **will** be in Hawaii by now.
（彼らは今頃ハワイについているだろうな）

will は未来専門ではありません。この文は今行われていること

についての予測を述べていますね。will はもっともポピュラーな未来表現。でもそれは will という助動詞が本来もつ性質が、未来をあらわすのに適しているからです。未来は「予測」したり「意志」によって引き起こすもの。だからこそ will が多用されるのです。

☞ **BE GOING TO（p.124）**
☞ **進行形のあらわす未来（p.219）**

SHALL [べき・必ず〜になる・必ず〜する、など]

■基本イメージ

進むべき道

そうするしかないのです。それ以外に道はないのです。束縛されているのです。自由はないのです。「進むべき道」それが shall の基本イメージ。

ⓐ You **shall** not murder.
（殺人を犯してはならない：モーセ十戒）
ⓑ Congress **shall** make no law respecting an establishment of religion, or prohibiting the free exercise thereof...
（連邦議会は、国教を樹立し、あるいは信教上の自由な行為を禁止する法律...を制定してはならない：合衆国憲法修正箇条・修正第一条）

「殺人を犯さない」「国教を樹立しない」と「進むべき道」を示しています。「進むべき道」が「そうしなければならない」を生みだしているのです。この2つの文をもう一度読んで、shall のもつ感触をつかんでくださいね。21世紀現代英語で shall は極端に頻度が低く、もはや死にかけと言っても支障はありません。古めかしく法律の条文などにその使い途が限られつつあり、それだけにたいへんフォーマルな感じを与える助動詞なのです。

Check Point 1. 確信

日常会話ではいくつかの定型文以外に shall を意識する必要はすでにありません。だけど「進むべき道」をイメージできれば、たまたま出てきたってだいじょうぶ。

ⓐ We shall all die.（私たちはみな死ぬ運命なのだよ）
ⓑ We shall never forget 9/11.
（9/11を我々は決して忘れない）
ⓒ I shall do everything in my power to find the culprits.
（私はどんな手を使っても犯人を必ず見つける）
ⓓ You shall regret this!（後悔することになるからな！）

どの文も確信に満ちた意味合いとなっていることがわかりますか？「進むべき道」は「それ以外にない」「必ずそうなる」という確信のニュアンスを生みだしているのです。ⓐの文はいわば「運命」。「死ぬことになるのだよ」、必ずそうなる一本道が意識されているのです。ⓑ-ⓒにも「必ずそうする」という固い確信があふれていますね。ⓓも同じです。確信。「お前は必ず後悔することになる」。ま、こうした発言の裏には「オレが後悔させてやるからな」という意志が見え隠れしますから、脅しとして機能したりもしますよ。

Check Point 2. What shall I do?

この文は現代英語でも生きています。「進むべき道」が「どうしたらいいのだろう」とアドバイスを求める文に生きているのですよ。相手にアドバイスを求めるときにも、パニクって「えーん。ど。どしよ」でも。使ってみてくださいね。

Check Point 3. Shall I ...?

Shall I...? この形は固定表現として今も全開バリバリに生きています。というのはこの表現には、他の助動詞では出せない「温

かさ」が生きているから。

ⓐ **Shall I** help you?（お手伝いしましょうか）
ⓑ **Can I** help you?（　　　〃　　　）

そぼ降る雨の中、交差点で立ち往生しているご老人がいたとしたらみなさんはどちらを使います？　私なら迷わず Shall I...? を使います。この表現には発言と同時に手を差し伸べるような温かさがあるから。話し手には「どうしても help するんだ」一本道が見えています、そして「それでいいですか？」――それが Shall I...? という形のもつ温かさなのです。

Check Point 4.　Shall we...?

ⓐ **Shall we** dance?（踊りましょうか？）

　Shall we...?　この表現からも、やはり温かさを感じ取ってください。

　とってもダンスがしたいのです。ですが疑問文の形で「いいよね？」と相手の意向を打診する、そこに手を取る温かさが宿ります。「やろうよ！」と相手を引っ張る Let's に比べ格段のやわらかさが感じられる表現なのです。

ⓑ **Let's** dance.（踊ろうぜ）

☞ **LET**（p.80）

●助動詞関連のイメージ●

SHOULD [〜すべき・〜のはず]

■基本イメージ
弱い圧力

should は must と同系列の意味をもった助動詞。イメージは「圧力」。とはいえ、must のような高い圧力は感じられません。もっともっとマイルド、それが should なのです。

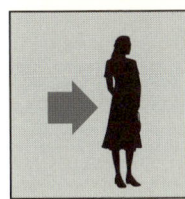

A. すべき

You **should** come out with us on Saturday night — it wil do you the power of good.
(土曜の夜は僕たちと外にでかけようよ──元気が出るよ)

「でかけるべきだよ」。must が「ねばならない」と、高圧な、ほとんど命令に近い強さをもっているのに対し、should は「助言・アドバイス」。行為に押す圧力がぐっとマイルドになっているんですよ。

B. はず

That **should** be no problem.
(問題はないはずだ)

must の「ちがいない」にたいし、should は「〜のはず」。ぐっと弱まります。must のような「そうならざるをえない」は聞こえてきません。多少の不確定要素が頭によぎっています。この使い方でも、should は must の「マイルドバージョン」なんですよ。
☞ MUST (p.107)

Check Point 1.　must の代わり—弱める意識

　should は must のマイルドバージョン。実際ネイティブは must と言いたいところを—相手の印象を考慮しながら—should に置き換えることがよくあります。

You **should** be at gate 18 by 10:25.
（10:25までに搭乗口18にお集まりください）

「10:25までに集まらなくてはならない」のです。それを過ぎたら他の客に迷惑がかかってしまうのです——この状況にもっともふさわしいのは must。だけどね、must と言われたらなんだか重苦しいでしょう？「ねばならない」は高圧的で不快なもの。その代わりに should が使われるんですよ。

Check Point 2.　ought to

　ought to は should よりもグッと頻度が落ちますが、ほぼ同じ意味で使われます。

ⓐ You **should/ought to** call the police.
　（警察を呼ぶべきだよ）
ⓑ Our guests **should/ought to** be home by now.
　（お客は今頃家についているだろう）

　ought to と should の意味の開き、かすかなニュアンスのちがいを報告している文法書も見かけます。しかしそれは多くのネイティブにとって意識されることのない、「そーゆーちがいもあるかもなー」レベルの瑣末なものです。そんなこと気にするくらいなら英単語1つ覚える方がよっぽど役に立ちますよ。気にしない気にしない。

●助動詞関連のイメージ●

HAVE TO [〜しなくてはならない・ちがいない]

■基本イメージ
高い圧力
＋客観性

have to はまとまって助動詞のように機能するフレーズ。このフレーズは must と同系列にあり、イメージは「高い圧力」。must 同様、行為・結論への高い圧力につながっていきますが、そのニュアンスは「客観性」を帯びています。

A. しなければならない

You **have to** have your hair cut.
（髪の毛切らなくちゃいけないよ）

have to のもつ「客観性」というのは「必要性」ということもできるでしょう。「しなければならない・ちがいない」とただ強く思うだけなら、それは must の領域です。have to を使う場合には、そうしなければならない客観的な必要性が意識されています。上の例文は単に「私はそう思う」ではありません。「明日が面接だから」「明日はお見合いでしょ？」などなど客観的に見てそうしなければならない理由が感じられているのです。

B. ちがいない

This **has to** be the murder weapon.
（これが凶器にちがいない）

これも「ちがいない」にはちがいありません。だけどやはり「客観性」は生きています。この文には must よりも緻密な証拠の積み重

123

ねが感じられています。名探偵ホームズが言いそうな発言ですよね。

Check Point 1. have to の必要性

must のように「しなくてはならないよ」とただ自分の気持ちを述べるだけでなく、客観的な必要性が意識された表現、それが have to です。この 2 つの表現のもつ繊細なニュアンスの差は、否定文にするとよりいっそう際立ちます。

You **don't have to** really dress up, but you **mustn't** turn up in jeans and a T-shirt.
　（ドレスアップする必要はないけど、ジーパン・T シャツじゃだめだよ）

must と have to の否定、意味がずいぶんちがうことがわかりますね。mustn't は強い禁止、「ダメだ」ってこと。一方 not have to は「客観的な必要性」が否定されています。必要はないよ、ってことになりますよね、当然。

BE GOING TO [〜するつもり・〜しそう]

■基本イメージ
流れのなか

be going to は go to の進行形。つまり「向かっているところ」。流れに乗っているイメージが A.意図 や、B. 原因 につながっていきます。

A. 意図（〜するつもり）

Sanae **is going to** pop round later.
（早苗は後ほど来るつもりです）

　早苗はすでに心づもりをしているんですよ、pop round に向かって進んでいるところ。流れのなかにいるんです。

B. 原因

Careful! You**'re going to** spill wine on the carpet!
（気をつけて！　カーペットにワインこぼしちゃうよ！）

　今にもワインはこぼれそう——be going to は目に見えるような（はっきりと結果に向かって進んでいるとわかる）「原因」があるときにも使うことができますよ。もう事態は流れ始めています。結果に向かってまっしぐらに「進んでいるところ」。やっぱり流れのなかというわけです。

Check Point 1.　未来は心のなか

　英語には未来をあらわす固定した表現がありません。過去や現在は、過去形・現在形という決まった形であらわされますが、未来には「動詞の未来形」などといったものがありません。そのため、英語はさまざまな表現を「借りて」未来をあらわすのです。だからね、どんな表現を使うかによって、微妙に描かれる未来が異なるんですよ。未来表現の代表的なものは、助動詞 will とこの be going to。あらわす「未来」のちがいについて解説しておきましょう。

■ 予測の will と原因の be going to

ⓐ It **will** rain tomorrow.（明日は雨だよ）

ⓑ It **is going to** rain soon.（もうすぐ雨が降るよ）

will は未来のできごとにたいする予測。「明日は雨だよ」と予測しているにすぎません。今晴れていたっていいんです、確信をもって見通していれば。一方、 be going to は「流れのなか」。空を雲が覆って今にも降りそう。もう事態は走り始めているんですよ。

■ 意志（〜するよ）の will と意図（〜するつもり）の be going to

ⓒ I'll post the letter for you.（僕がその手紙投函してあげるよ）
ⓓ I'm going to post the letter.
　（その手紙は僕が投函するつもりです）

willは、頭の中でクリックが鳴ります。「今日時間がなくて郵便局行けないんだけど ——I'll post the letter for you.」、ほらポンと決めた。これが will の意志。一方 be going to はすでに流れのなかにいるのです。心積もりはとうに決まっていて、「投函」に向けて邁進しているんですよ。

英語の未来は心のなかにあります。どんな未来を描くのか、それは私たちの感じ方のなかにあるんですよ。英語には will、be going to 以外、主要未来表現があと２つ。☞ のページを参照しておいてくださいね。

　　　☞ **現在形のあらわす未来（p.211）**
　　　☞ **進行形のあらわす未来（p.219）**

●助動詞関連のイメージ●

HAD BETTER (HAD BEST) [～したほうがいい]

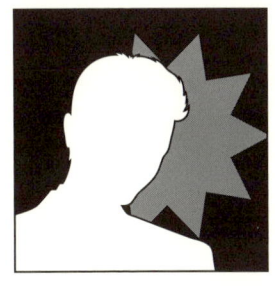

■基本イメージ

緊迫感

　had better (best) の「～したほうがいい」は、「ケーキよりみつ豆食べた方がいい」の「ほうがいい」ではありません。そうしなければヤバイ。えらいことになる。そうした緊迫感が常に感じられる表現なのです。「さもないと（or else...）」という声も聞こえそう。この感触しっかりつかんでおいてくださいね。

ⓐ You'd **better** do exactly as I say!
　（僕の言うとおりきちんとやった方がいいよ）
ⓑ You'd **better** call the ambulance.
　（救急車呼んだ方がいいよ）
ⓒ We'd **best** be on our way.（もう帰った方がいい）

USED TO [～したものだった]

■基本イメージ

コントラスト

　過去の習慣や状態をあらわすのが、この used to。イメージは「コントラスト」。現在と昔とのコントラストが強く意識されています。「昔は～だったな」。もちろん「今はそうじゃない」が

強く含意されています。

ⓐ I **used to** play soccer when I was a kid.
（子供のころサッカーをしたものだったよ）
ⓑ There **used to** be a movie theater right here.
（ちょうどこに映画館があったんだよな）

Check Point 1.　would と used to

「～したものだった」は would を使ってあらわすこともできます。ですが used to とはずいぶん異なるニュアンスです。

ⓐ My grandfather **would** entertain us for hours with his magic tricks.
（おじいちゃんは手品で何時間も僕たちを楽しませてくれたんだよ）

　習慣の will の過去バージョン would。そこにはおじいちゃんの意志・執着がそこはかとなく香ります。「好きこのんで・自ら進んでそうしていた」という感触。上の文のように意志が感じられない単なるコントラストで would を使うことはできません。

ⓑ［×］There **would** be a movie theater right here.

「～したものだった」。こうした日本語訳から本当の英語力は生まれません。本当の意味—イメージ—をしっかりつかむことこそが大切なのですよ。

☞ 強い傾向（法則・習慣）(p.116)

Chapter 4
前置詞関連のイメージ
Preposition images

前置詞は単純な位置関係をあらわします──単純なだけにそれは無数の使い方に広がっていくのです。前置詞を使いこなすためには、基本イメージを柔軟に解釈し、さまざまなケースに応用するセンスが─特に─必要不可欠。基本イメージの広げ方、そのコツを例文と共にしっかりとつかみとってくださいね。

ABOUT [〜について・約・およそ]

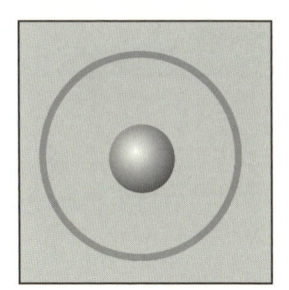

■基本イメージ

まわり

about のイメージは「まわり」。

He looked **about** the room.
（彼は部屋を見回した）

　　ここから「約・およそ」「〜について」など、さまざま使い方が飛び出します。

Check Point 1. 「約・およそ」

He weighs **about** 85 kilos.（だいたい85キロ）

　「まわり→約・およそ」はすぐにわかるつながりですね。「その周辺・近い」ということですから。もちろん数字だけじゃなく That's just **about** perfect.（ほぼパーフェクト）、It's **about** time we left.（そろそろ帰る時間だ）なんて使い方も自由にできますよ。

Check Point 2. 「ついて」

This is a book **about** penguins.（ペンギンについての本）

　a book about penguins とは一体どんな本でしょうか。ネイティブはね、ペンギンにまつわるさまざまな内容が書いてある本を想像するんですよ。ペンギンのまわり。ほら about のイメージとピッタリ重なるでしょう？

a book **on** penguins も「ペンギンについての本」ですが、こ

ちらには「専門書」といった感触があります。前置詞の学習に日本語訳はたよりにならないってことですよ。

☞ ON (p.162)

Check Point 3. 副詞？

ⓐ They wandered **about**. （うろうろ歩き回った）

about の「まわり」が wander を修飾して、「歩き回る」。学校文法的には「副詞」ってことになるんだけど、そんな分類に意味はありません。

ⓑ They wandered **about** the old town.

ほら今度は前置詞。だけどね、about の意味はかわらないよ。かわらないさ。about は about。品詞に神経質になる必要はありません。

Check Point 4. 熟語？

I **was about to** call you.（君に電話かけるところだったんだ）

be about to（〜するところ・〜しそう）を熟語として丸暗記した人はいませんか？　前置詞は他の単語と結びつき、いわゆる「熟語」と呼ばれるものを多数作ります。だけどね、英語に丸暗記を必要とする意味不明の熟語はありません（☞ **(p.83) 参照**）。to は「ここだよ」と指し示す単語。call you を指し示して「ここの近く（まわり）なんだよ」。ここから「電話をかけるところ」が生まれています。前置詞のイメージをしっかりつかむ。それが「熟語」征服の最短距離なんですよ。

●前置詞関連のイメージ●

ABOVE [〜の上]

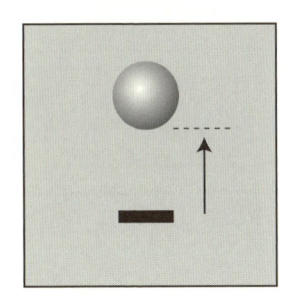

■**基本イメージ**

高さが上

aboveは「高さが上」ということ。

The people in the apartment **above** are really noisy.
(アパートの上の階の人たちは本当にうるさい)

Check Point 1. さまざまな「上」

ⓐ Some fruit contained chemicals **above** the legal limit.
(法律で定められた限度を超えた化学物質を含んだ果物があった)
ⓑ I got caught driving **above** the speed limit.
(スピード違反で捕まった)

　基本イメージはなるべく「ゆるく」解釈してください。aboveの「高さ」は物理的な高度だけでなく、「高低のレベル」が思い起こされるケース—地位や年齢、重要度などなど—に、自由に使うことができます。次の「熟語」は「重要度」のレベルが想定されていますよ。

ⓒ **Above all**, remember to bow when the President comes in.
(とりわけ重要なことだが、大統領が来たときにお辞儀するように)

ACROSS [横切って]

■基本イメージ

十字を作るように

across は「横切る」。十字（cross）を作るように、ということ。

They ran **across** the road.（道を走って渡った）

十字を作る動きですよね。

Check Point 1. 動き・位置

ⓐ There's a mailbox just **across** the street.
（ちょうど通りを渡ったところに郵便ポストがあるよ）

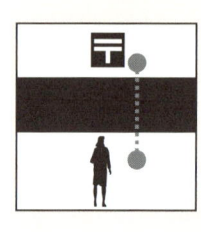

前置詞はほとんどの場合、動きと位置、どちらをあらわすこともできます。この例文は通りの向こうという「位置」。十字を作るような位置関係です。最初の例文は「動き」でしたね。もっとポピュラーな前置詞を使ってみましょうか。

ⓑ Tom is **in** the park.【位置】（トムは公園のなか）
ⓒ She put the pen **in** her bag.【方向】（彼女はペンをバッグに入れた）

Check Point 2. 想像で広げる

I **ran across** an old friend of mine.
（昔の友人にバッタリ会った）

run across（偶然出合う）。どうして「偶然」なのでしょう？

●前置詞関連のイメージ●

いわゆる「熟語」なんでしょうか。そうではありません。次の図をごらんください。「偶然」感が出てるでしょ？ 同様に come across は「偶然見つける」。

前置詞を使いこなすにはね、ちょっと想像力を使ってみるのがカンジンなんですよ。

AFTER [〜の後]

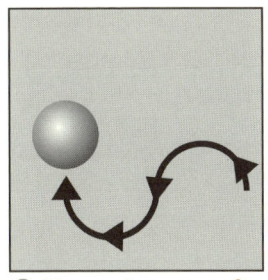

■基本イメージ

ついていく

after は「うしろからついていく」。「〜の後」という日本語訳ではなく、「ついていく」イメージを大切にしましょう。

ⓐ The police are **after** him. （警察は彼を追いかけている）
ⓑ Are you **after** anything in particular?
（特に何かお探しですか？）

Check Point 1. 順序

ⓐ I'm meeting Sally **after** class.
（授業のあとサリーに会う予定です）

after がもっとも頻繁に使われるのは「順序関係」。授業のあとに「サリーと会う」がついていく――2つのできごとの順序関係が示されています。after を「〜の後」と日本語訳で理解すると次のような文を作ってしまいがち。

ⓑ [×] I'm meeting Sally **after** 20 minutes.

(20分後サリーに会う予定です。([○] in 20 minutes))

「20分」という時間がついてくるわけじゃないから after は使えないんですよ。とっても頻繁に見かけるまちがいです。要注意。

☞ **時点をあらわす in（p.156）**

Check Point 2. 模倣

This is a painting **after** Picasso.（この絵はピカソの模倣です）

after を「後」と日本語訳で考えると、この文だってむずかしそう。基本イメージをしっかり理解しましょう。そうしたらピカソ（の流儀）についていく、つまり模倣・踏襲しているということがわかるはず。

Check Point 3. 想像で広げる

ⓐ We **named** our son William, **after** his grandfather.
（息子をウイリアムと名づけたんだ。おじいさんにちなんでね）

name after（～にちなんで名づける）、after がこのフレーズで使われるのは偶然ではありません。息子がおじいちゃんのうしろをついていくように、立派な人間になるように、同じ名前をつける……だから name after。

ⓑ Please **look after** my son while we're away.
（出かけているあいだ、息子の世話をしてください）

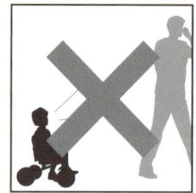

look after（～の世話をする）。これもむずかしくはありません。誰かの世話をするとき私たちは「後ろから」危険が及ばないように目配りをしますよね。だから look after。想像でイメージを広げていく。それができたら

●前置詞関連のイメージ●

前置詞は本当に豊かに、そして心から使うことができるんですよ。

AGAINST [〜に対して]

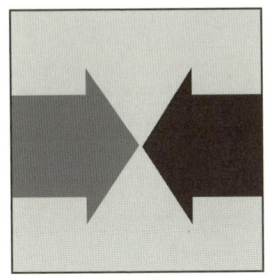

■基本イメージ

向かい合う力

against のイメージは「向かい合う力」。単にこちらから押すだけじゃありません。相手も押しています。ググッとかかる力を感じてください。

He hit his head hard **against** the post.
(彼は頭を電柱に激しくぶつけた)

　頭を電柱にガン！　自分だけが押しているわけじゃありませんね。向こうからも押し返してるから痛いんです。それが against のてざわり。

Check Point 1.　反抗・反対

ⓐ Everybody is **against** me.
(みんな僕にさからうんだ)
ⓑ Are you for or **against** gay marriage?
(同性婚に賛成、それとも反対？)

「向かい合う力」が「反抗・反対」に結びつくのは何も不思議なことではありませんね？

Check Point 2.　備える

It's a good idea to save money **against** a rainy day.
(まさかの時に備えてお金を貯めておくのは良い考えだよ)

137

againstの感触わかりますか？ 上から降ってくる災難に、ググッと対抗するって感触ですよ。

ALONG [〜に沿って]

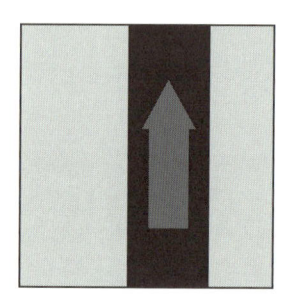

■基本イメージ
細長いモノ

細長い線状のものが意識されています。そこに「沿った」、それが along の基本イメージ。

We took a romantic stroll **along** the beach.
(ビーチをロマンチックに散歩した)

Check Point 1.　位置・動き

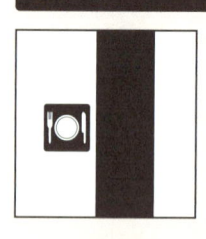

There must be a restaurant somewhere **along** this road.
(この道沿いのどっかにレストランがあるにちがいない)

前置詞は「位置ー動き」両用です。この場合沿った位置にある、ってことですね。

Check Point 2.　想像で広げる

ⓐ How are you **getting along** these days?(最近調子どう？)

ここの along の感じ、つかめますか？。毎日の生活が線のよう

に感じられています。そこを進んでいく、生活していく。だからalong が使われているんですよ。この get along、「うまくやっていく」という意味でも使われます。

ⓑ Do you **get along** with your mother-in-law?
（姑さんとうまくいってる？）

姑さんと「沿って」進む。ぶつかったりせずに進んでいく。「うまくやっていく」ですね？

AMONG [〜のなか・〜のあいだ]

■基本イメージ

ごちゃごちゃ

雑多な集合体がイメージされています。個々のメンバーが明確に分かれて意識されていないのです。

They're searching for survivors **among** the rubble.
（彼らは瓦礫のなかで生存者を捜している）

想像してください。瓦礫がごちゃごちゃっとしている景色、それがネイティブの among なんですよ。

Check Point 1. ごちゃごちゃ感

It'll be tough to spot her **among** all these people.
（この人たちのなかで彼女を見つけるのはたいへんだよ）

ごちゃごちゃっと「人々」が意識できまし

たか? このごちゃごちゃ感が among の基本。

Check Point 2.　ごちゃごちゃ相互

もちろん among は「ごちゃごちゃ」への動きだってあらわすことができますよ。

ⓐ He began rummaging **among** his papers, trying to find the letter.
（彼はその手紙を見つけようと書類をかき分け始めた）

これはカンタン、雑然と積み上がった書類をかきわけ……。もう1つ。among のあらわす動きでぜひ身につけてほしいのは「ごちゃごちゃ相互」です。ごちゃごちゃしているモノ相互のあいだってこと。

ⓑ Talk **among** yourselves until I get back.
（戻ってくるまで君たちのあいだで話し合いをしておきなさい）

(A)ROUND [〜のまわり]

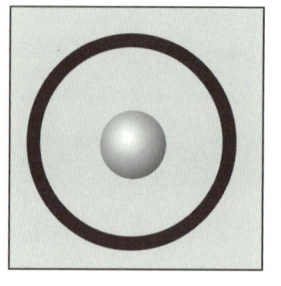

■基本イメージ
まわり

roundは「○」。もうわかりましたね?「〜のまわり」、それが (a)round のイメージです。

ⓐ We sang songs **around** the campfire.
（キャンプファイアーのまわりで歌を歌った）

about よりもまわりをグッと囲む印象が強く感じられるもの

●前置詞関連のイメージ●

の、意味の広がりは about と非常に似通っています。次のように「ダブル」で出てくることだってあるんですよ。

ⓑ I left work **around about** 7 o'clock and went straight home.
（だいたい7時頃仕事を終えて直接家に戻った）
☞ ABOUT（p.131）

Check Point 1. 想像でひろげる

(a)round には、理解がむずかしい用法はありません。「まわり」からちょっと想像力を広げればすぐにわかるものばかり。

ⓐ I'll have to leave **around** 7.（7時頃帰らなくちゃ）
ⓑ Hi, Pam. Is Harry **around**?（やあ、パム。ハリーはいる？）
ⓒ New? No, that hairstyle has been **around** for years.
（新しい？ そんなことないよ。あのヘアスタイル、出てもう何年にもなるさ）

ⓐは「だいたい」。「まわり」が「周辺・近い」につながっています。about と同じ意味のひろがり。ⓑも「（近くに）いる？」ってことですね。ⓒだって同じ。「ずっとあるよ」ってこと。「まわりにある」が「存在している」につながっているんですよ。

ⓓ After lunch, let's walk **around** the castle grounds.
（食事のあとお城を散歩しようよ）
ⓔ So many kids just **hang around** the mall all day. Don't they have anything better to do?
（子供たちがたくさん、一日中商店街ウロウロしてるけど、もっとましなことないのかねぇ）

「まわり」をあちこち。「まわり」はさらに「（何も役に立つことをしないで）ふらふら・ゴロゴロ」につながります。ⓔで、

around は hang（ぶら下がる）と結びついて「ぶーらぶら」。何の役にも立たないしょーもない状態をあらわしています。他にも play around（遊びまわる）。「まわり→役に立たない」はかなり強い連想だったりするんですよ。

ⓕ He always finds ways to **get around** the rules!
　（アイツはいつも規則逃れの方法を探し出すんだよ！）

　この文では around のグルッと回る動きが「（問題などを）回避する」につながっています。

　「まわり」から生み出されるさまざまな用法。イメージをつかめばすぐに使えるようになりますよ。

AT [～で・～に…などなど]

■基本イメージ

点

どの前置詞も同じなんだけど、対応する日本語訳はさまざま。at に至っては日本語訳を覚えてもなんの助けにもなりません。at は「点」。このイメージに当てはまるモノならなんでもござれ、なんですから。

I bumped into John **at** the station.
（駅でジョンにバッタリ会った）

Check Point 1.　さまざまな「点」

「点」と感じることができるなら at。at が非常に頻繁に使われるのは、いろいろなものを私たちが「点」として意識しているか

●前置詞関連のイメージ●

らです。

ⓐ We played **at** a tennis club in Yokohama.
（横浜にあるテニスクラブでプレーした）
ⓑ I got it **at** a bargain price.
（バーゲンプライスで手に入れた）
ⓒ Cheetahs can run **at** up to 120 kph.
（チータは120キロまで出すことができる）
ⓓ Life begins **at** 75!（人生はね、75で始まるんだよ）
ⓔ See you **at** 7:00 **at** Cocos in Minamikashiwa!
（南柏のココスで7時にね！）

「場所」「価格」「スピード」「年齢」「時点」——すべて「点」として感じることができますね？　ちなみに at は、他の多くの前置詞同様、位置だけでなく方向もあらわすことができます——「〜（点）をめがけて」。

ⓕ I looked **at**/laughed **at** the girl.（その少女を見た・笑った）

Check Point 2.　「活動」に焦点を当てる at

「点」をあらわす at は、「活動」に焦点を当てる前置詞です。左の図をジッと見てみましょう。この地点で一体何が起こったのか？　そんな関心が沸いてくるはずです。at は「点」、その他に重要な情報を含まない前置詞。それだけに、その地点で何が起こったのかに焦点が当たるんですよ。

ⓐ My son was **at** Oxford.

この文が「オックスフォードで研究していた・学生であった」というニュアンスで受け取られるのもそのためです（単にそこにいただけなら in Oxford となります）。

ⓑ He was **at his desk**.（執務中）

143

ⓒ We are **at table**.（食事中）

単にその地点にいただけではない、活動への広がりが見えてきますね？

BEFORE [〜の前]

■基本イメージ

順序が前

before は順序関係に力点が置かれた前置詞です。

ⓐ Let's finish it **before** lunch.
（昼ご飯の前に終わらせようぜ）

もちろん時間の順序だけに限られませんよ。

ⓑ Business **before** pleasure.（楽しみよりも仕事優先）

Check Point 1. 場所の「前」は in front of が標準

before「〜の前」という日本語だけでは困ります。というのは、before は「場所が苦手」だから。場所の「〜の前」は in front of が普通です。

Don't stand **in front of**（[×] before) me. I can't see the screen.
（僕の前に立つなよ。スクリーン見えないだろ）

Check Point 2. 場所に before が使われるとき

People are dying **before** our very eyes.
（人々が、我々のまさに目の前で死にかけているんだよ）

●前置詞関連のイメージ●

　before は場所が苦手。だけどね、使われることあるんだよ。滅多に使われないだけにこの使い方には、非常に目をひく表現効果があります。それはドラマチック効果――Wow! と声がでるような感情の動き（驚き・壮大さなど）をともなっているのです。上の文は、単に「人々が目の前で死にかけている」という平たい情景描写ではありません。ショッキングな感触・何を手をこまねいているのだという感情が豊かに感じられる文となっているのです。

BEHIND [～のうしろ]

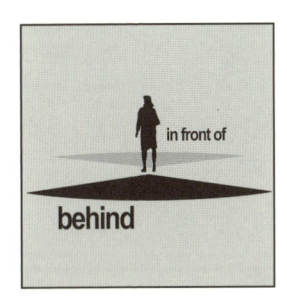

■基本イメージ

背後

　何かの背後にいる、それがイメージ。in front of（前）と逆の位置関係をあらわします。

I bet the cat's hiding **behind** the sofa.
（ネコはソファの後ろに隠れてると思うよ）

Check Point 1.　隠れている

I tried to understand the ideas **behind** his words.
（彼のことばの裏にある考えを理解しようとした）

　「背後」のイメージは容易に「隠れている」を生み出しますね。

Check Point 2.　遅れている

We are **behind** with our work.

(仕事［スケジュールより］遅れてるよ)

「後ろ」にあるという位置関係から「遅れている」となります。楽勝だね！

BETWEEN ［～のあいだ］

■基本イメージ

クッキリあいだ

「between は 2 つのモノの間」とよく解説されていますが、それは誤解です。「あいだ」ですから 2 者間が典型的ではあるのだけれど、数はどうだっていいんですよ、基本的に。

The money was shared **between** the 2 brothers and 3 sisters.
(その金は 2 人の兄弟と 3 人の姉妹の間で分けられた)

ほら「5 人のあいだ」でしょう？ between は、1 つ 1 つのモノがくっきりと明確に意識されていることにその特徴があります。

Check Point 1.　between の意識・among の意識

同じように「あいだ」と訳されることのある between と among。使い分けをしっかりマスターしておきましょう。

ⓐ Look. There's a bird **between** the trees.
　(木のあいだに鳥がいるよ)
ⓑ Look. There's a bird **among** the trees. (　　〃　　)

between と among は景色がちがいます。between は「ハッ

●前置詞関連のイメージ●

キリクッキリしたもののあいだ」ってこと。木が一本一本しっかりと意識されています。一方 among は「雑多な集合体」。木がごちゃごちゃとしたまとまりとして意識されているに過ぎません。

☞ AMONG (p.139)

BEYOND [〜をこえて]

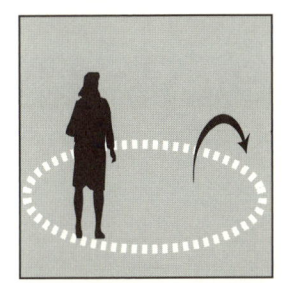

■基本イメージ

範囲の向こう

beyond は「範囲・境界線を越えて」が基本イメージです。

He lives **beyond** that valley.
(彼はあの谷の向こうに住んでいる)

Check Point 1. 想像でひろげる

His behavior is **beyond** comprehension.

あらゆる他の前置詞と同じように beyond も、比喩的な「こえる」にその使い方を広げています。想像力を使ってください。この文は「彼の行動は理解の範囲をこえている(理解できない)」ってこと。他にも beyond repair (修理できない)、beyond description (筆舌に尽くしがたい) など、気楽に使ってくださいね。

BY [〜によって・近くなど]

■基本イメージ

そば

byのイメージは距離が「近い」ということ。この単純なイメージが、前置詞のなかでも特に豊かなこの単語の用法を支えています。

I have a nice photo of her standing **by** the church.
（教会のそばに彼女が立ってるいい写真があるんだ）

Check Point 1.　期限の by と継続の until

ⓐ Finish your homework **by** 10 o'clock.
　（10時までに宿題を終わらせなさい）

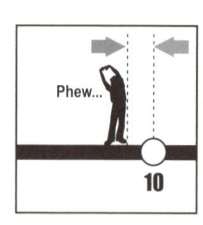

「〜まで」と期限を切る表現は by。「10時までに終わらせる」というとき、私たちはそのできごとが「10時間際」で起こるように感じます。この「近さ」が by が使われる理由なんですよ。同じ訳語（〜まで）となる until との意味のちがいに注意しましょう。until は「その時点までずっと（同じ状態でいる）」ということ。

ⓑ Stay here **until** 10 o'clock.
　（10時までここにいなさいね）

Check Point 2.　連続性

He is recovering **little by little**.（彼は少しずつ回復している）
「少しずつ」この表現には連続性が感じられます。少しそしてま

●前置詞関連のイメージ●

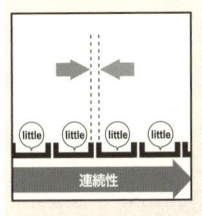

た少しそして……。この続いている感触は by が生みだしています。図のように little と little が「そば」。だから連続が感じられるのです。step by step（だんだんと）、day by day（日ごとに）など、たくさん同じような表現がありますよ。

Check Point 3. 手段・方法＝HOW

We came here **by car**.（私たちは車で来ました）

by car、by bus、by letter（車で・バスで・手紙で）……、by は「手段・方法」―HOW（どうやって）―をあらわす前置詞です。何かの活動を想定したとき、目標は遠くに、それを達成するための「手段・方法」は「手近なもの」として感じられます。だからbyが手段・方法をあらわしているのです。

by car に冠詞 a が使われていないことに注意しましょう。それは具体的な車を意識していないからです。交通手段としての「車」。だから不可算で使われているのです。

☞「かたち」は意識の問題（p.11）

Check Point 4. 「〜によって」

He was attacked **by a dog**.（彼は犬に襲われた）

by はしばしば受動態に伴って使われ「誰（何）がそれをやったのか」をあらわします。その理由はね、その行為の「間近」に行為者が感じられているからですよ。attacked（襲われる）、それが近くにいる a dog に引き起こされている感触があるから by が使われるのです。

149

DURING [〜のあいだ]

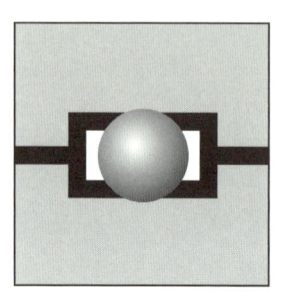

■基本イメージ

期間内に起こる

during はときの前置詞。ある時間幅の「なかで起こる」。それがイメージ。during the summer(夏のあいだ)、during my lecture(私の講義のあいだ)。

I had a part-time job **during** the holidays.
(休暇のあいだバイトしたよ)

Check Point 1.　during - for

I went back home to England **during the summer/for 3 weeks.**
(夏のあいだ/3週間イギリスの家に帰った)

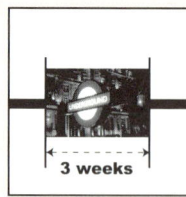

同じように「〜のあいだ」と訳されますが、during と for のニュアンスはまったくちがいます。during は「いつできごとは起こったのか」、for は「どれくらいの長さ続いたか」に興味がある表現なのです。イメージをしっかりと分けること。

●前置詞関連のイメージ●

FOR [〜のため、など]

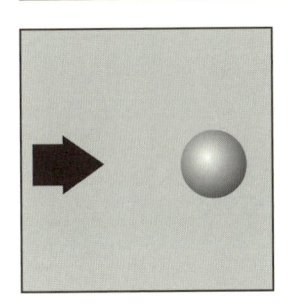

■基本イメージ
向かう

「向かって」、それが for の基本イメージ。

This is a present **for** you.
(君へのプレゼントだよ)

「プレゼント」が「君」に向かっていますね。この単純な方向のイメージがさまざまな意味を生み出します。

Check Point 1. 目的

This machine is **for** making pasta.
(これはパスタを作るための機械)

「パスタを作るため」。「向かって」が「目的」をあらわしています。とっても自然なつながりですね。

Check Point 2. 求めて

I'm dying **for** a beer. (ビール、死ぬほど飲みたいよ)

ビールが飲みたくて死に (die) かけています。何かに向かうという動作は、「求めて・欲しい」というキモチのあらわれ。look for/search for (〜を探す)、wait for (〜を待つ)、long for (熱望する)、be anxious for (切望している) など、数多くの例がありますよ。

Check Point 3. 原因

ⓐ She couldn't move **for** fear. (恐怖で動けなかった)

151

「原因・理由」も、for の守備範囲。「動けなかった」がどうしてかというと……「for fear だよ」。その原因を指す感触で使われています。接続詞として文をつなぐ for も同じ語感。ちょっと堅くて時代遅れの表現なんだけどね。

ⓑ He walked very slowly, **for** he was getting on in years.
（彼は大変ゆっくりと歩いた、というのは歳をとっていたから）

Check Point 4.　賛成

Are you **for** or against the death penalty?
（君は死刑に賛成なのかね、それとも反対？）

　何かに背を向ける動作は拒否・否認という「意味」をもっていますよね。それじゃ「向かう」は？　うん、その逆。「賛成」を意味します。

Check Point 5.　範囲

ⓐ He is small **for** a basketball player.
（バスケットボール選手としては小さい）

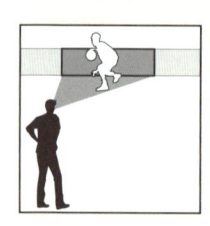

　for のもっとも難易度の高い使い方。「範囲」をあらわしています。上の文では、ただ「小さい」と言っているわけじゃありません。「バスケットボール選手」という範囲の中で小さいと言っています。「small だよ、だけどそれはバスケットボール選手を考えて言っているんだよ」、この for もやっぱり「向かう」が基本。意識が「向かっている」範囲を述べた表現なんですよ。

ⓑ He is responsible **for** quality control.
（彼は品質管理に責任がある）

「彼は責任がある」では漠然としすぎていますね。何に責任があ

るのか、その範囲を具体的に限定しているのが for quality control というわけ。

　for の「範囲」。一度理解してしまえば応用範囲は実に広いのです。学校文法でおなじみの「期間をあらわす for」も、実はこの「範囲」。なんら特別な用法ではありません。

ⓒ I've lived in London **for 5 years.**
　（5年間ロンドンに住んでいる）

　時間の範囲に限らず場所にだって使えます。

ⓓ Let's keep walking **for another few kilometers**, and then we'll have a rest, OK?
　（もう数キロ歩き続けようよ。そしたら休もう。いい？）

　その他にも for all I know（私の知る限りでは……）など、範囲の for はとってもポピュラー。ぜひ身につけてくださいね。

FROM [〜から、など]

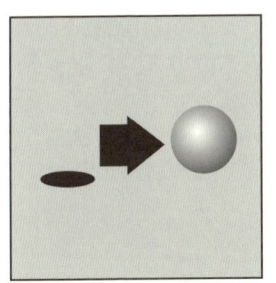

■基本イメージ
起点から離れる

　from の基本イメージは「起点」、そこから出発する、離れていく動作を示しています。

The train leaves **from** platform 9.
（その電車は9番線から出ます）

Check Point 1.　想像でひろげる

　前置詞は自由に使う。想像でイメージを広げる。それが鉄則です。

ⓐ Cheese is made **from** milk.（チーズは牛乳から作られる）
ⓑ He died **from** AIDS.（彼はエイズで死んだ）
ⓒ **From** what the critics are saying, his new album is not that good.
（批評家の意見では彼のニューアルバムはそれほどよくない）

from は「原料・原因・根拠」など、「→」を含んださまざまな意味に使えます。「原料……」なんて覚える必要はないよ。「→」を感じたら from。それが前置詞の自由なんだよ。

Check Point 2. 区別・different than

「起点から離れる」が生み出す距離感は「区別」のニュアンスに拡がります。

ⓐ This is **different from** that.（これはあれとちがう）
ⓑ Can you **tell** an expensive wine **from** a cheap one?
（高いワインと安いやつ、区別できる？）

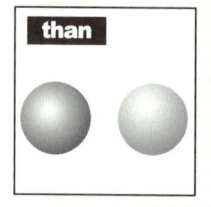

有名な「熟語」の different from。最近は different than も許容されつつあります。than は「対照する」イメージ（だから He is taller than Taro. などと比較に使われるんですよ）。2 つを並べて「ちがうよ」と述べる、その意識が different than を呼び込んでいるのです。前置詞に「決まりごと」はありません。そう感じたからこう使う、でできているのです。ネイティブの「そう感じる」を、イメージを通して身につけていけばいいのですよ。

●前置詞関連のイメージ●

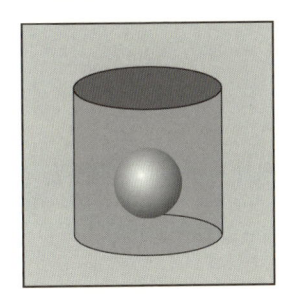

IN [〜のなか、など]

■基本イメージ

容器

inの基本イメージは「入っている」。3D（縦横高さ）のイメージです。

Lucy is **in** the classroom.
（ルーシーは教室にいるよ）

もちろん厳密に3Dでしかinは使われないというわけではありません。だけどね、「入っている」という意識はいつも共通しています。

Check Point 1. 「入っている」の意識

「入っている」inは、常に容器のなかのような状況だけで使われるわけではありません。「意識」の問題なのです。「入っている」と感じる——それがinを触発するのです。

ⓐ She lives **in Japan**. （彼女は日本に住んでいる）
ⓑ She is **in a red jacket**. （彼女は赤いジャケットを着ている）
ⓒ I'm interested **in linguistics**.
  （私は言語学に興味をもっている）
ⓓ Michelangelo did many sketches **in charcoal**.
  （ミケランジェロは木炭によるスケッチをたくさん描いた）
ⓔ Speak **in proper English**. （ちゃんとした英語で話しなさい）

入っている意識は、それがⓐ平面でも、ⓑジャケットや靴下（in a white socks（白い靴下をはいて））でも、ⓒある学問領域でも、ⓓ–ⓔ手法や方法であっても、生まれます。入っている、だからinが使われているんですよ。次のような文が納得できればネイティブの感覚です。

ⓕ The life-jackets vary **in size**. So choose carefully.
（救命胴衣にはサイズがいろいろあります。慎重に選んでください）

「いろいろある」のは「柄」でも「色」でもなく「サイズ」というジャンルのなかのできごと。やはり「入っている」の意識が伴っていますね。

Check Point 2.　時点をあらわす in

I'll come round **in 5 days/in 10 minutes**.
（5日後/10分後に行きますね）

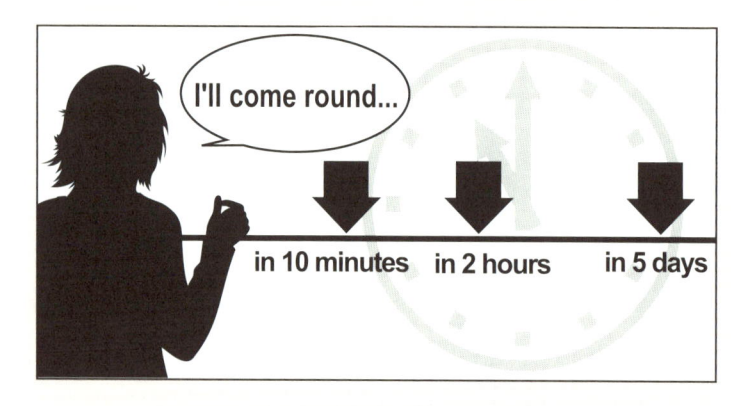

「入っている」という in のイメージから逸脱するこの使い方、特に注意しておきましょう。

ここで in は時点をあらわしています。「10分後」「5日後」という時点。in から予想される「以内」の意味には within が普通使われます。ご注意くださいね。

もちろん「〜後」と言っても、この場合 after は使えないことに注意しましょう。after はできごとの順序関係をあらわしますからね。

[×] I'll come round **after** 10 minutes.
[○] I'll come round **after** lunch.（昼食後に行きますね）

☞ **AFTER**（p.135）

●前置詞関連のイメージ●

INTO [〜のなかへ]

■基本イメージ

内部へ

into は in + to。「内部へ」の方向が基本イメージ。

Go **into** my office and get my jacket, OK?
(オフィスに入ってジャケット取ってきて。いい？)

Check Point 1. 衝突の into

The car crashed **into** a tree.
(その車は木に激突した)

into が得意とする領域は「衝突」。衝突は「内部にめり込む」感触を伴っています。だから into の出番。そうやって眺めると、この文から衝突の衝撃がリアルに伝わってくるでしょう？

Check Point 2. 変化

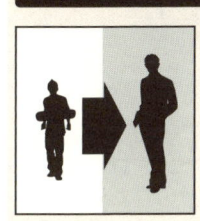

Bill has grown **into** a fine young man.
(ビルはステキな若者に成長した)

intoの「内部へ」は、ある別の状態の中に入っていくと解釈することもできますね。ここから「変化」の使い方も生まれます。

OF [～の・～から、など]

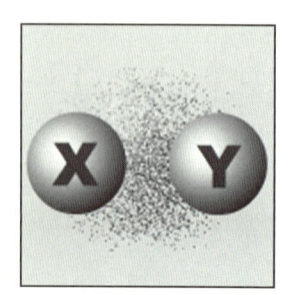

■基本イメージ

リンク

ofには他の前置詞のようなクッキリとした強いイメージはありません。

X of Y
名詞

　ここからネイティブが想像するのは、XとYのあいだに（すぐにそれと想像できる）リンク（つながり）があるということです。Xだけでは言い足りない・不十分な内容をリンクを張って明確化する意識。それがofの多様な用例を支えているのです。

Check Point 1. 部分―全体

　ofにどんなリンクが想定されているかは、前後の文脈から常識的に判断がつくものばかり。まずは「部分―全体」。

ⓐ the backyard **of** the house（家の裏庭）
ⓑ the last chapter **of** the book（その本の最終章）
ⓒ most **of** the students（学生の大多数は）

「メンバー」も「部分―全体」の関係ですよ。

ⓓ a member **of** our club（クラブのメンバー）
ⓔ the tallest **of** all (the three)（全員（3人）の中でもっとも背が高い）

　注意が必要なのは意識の動き方です。the backyardだけではことば足らずだと話し手は感じています。そして「何の」裏庭なのかリンクを張って明確化する。それがof全体に共通した意識の

●前置詞関連のイメージ●

動き方です。

Check Point 2.　分量・数

分量をあらわすフレーズに of は頻出します。

ⓐ a cup **of** coffee（コーヒー一杯）
ⓑ a slice **of** bread（パン一枚）
ⓒ the number **of** people（人々の数）

やはり意識の動かし方に注意。何の 1 カップなのか。coffee にリンクを張って明確にするという流れです。

Check Point 3.　説明

of の意識がわかれば次もカンタンにわかるはず。

ⓐ the problem **of** how to improve the economy
（経済を改善する問題）
ⓑ the death **of** the king（王様の死）
ⓒ the invention **of** the telephone（電話の発明）

「問題」と言えば「何の問題か」が気になります。うしろにリンクを張って明確化します。同じように「死」と言えば「誰が死んだのか」、「発明」と言えば「何を発明したのか」が気になりますね。はい、リンク。

Check Point 4.　性質

次は性質・特徴をつまびらかにするリンクです。

ⓐ a man **of** courage（勇敢な人）
ⓑ a woman **of** iron（鉄の女）
ⓒ a topic **of** great importance（大変重要な問題）

どういった man、woman、topic なのか、リンクを張って明らかにする。まったく同じ意識の流れですよ。

Check Point 5.　さまざまな of

みなさんにはもう次の文を作る意識がハッキリとわかるはずです。

ⓐ I'm afraid **of** getting hurt.（傷つくのがこわい）
ⓑ I'm sure **of** your success.（君の成功を確信しているよ）
ⓒ It was honest **of** you to hand the money to the police.
（警察にお金を届けるなんて君は誠実だね（ふつうです））

ⓐ の I'm afraid. それだけでは何を心配しているのかわかりません。そこに of 名詞でリンクを張っているんですよ。ほら、今までとまったく同じ意識。ⓒ honest of you も同じ。「誰が誠実なのか」を of you でおぎなっているだけ。That was generous of him.（(そんなことするなんて) アイツ気前がいいな）なんて具合に普通に使える形です。of には複雑な用法や意味合いはありません。リンクを張って意味を明確化しているだけのことなのです。

Check Point 6.　希薄な of

of に確固たる強いイメージはありません。意味が希薄だとも言えるでしょう。次の文を比べてください。

ⓐ This chair is made **of** wood.
（この椅子は木でできてるんだよ）
ⓑ Cheese is made **from** milk.
（チーズはミルクから作られているんです）

この 2 つの文のニュアンスのちがい、わかりましたか？　ⓐ「この椅子が作られている」のは「木だよ」と説明を加えているだけ。一方、しっかりとしたイメージを持つⓑの from には、明瞭に「ミルクから作られて」と、プロセスに対する強い意識が働いているのです。

ⓒ She died **of** cancer.（彼女はガンで死んだ）

●前置詞関連のイメージ●

「彼女が死んだ」のは「ガンです」。「彼女の死」から「ガン」にリンクを張っているだけ。ちなみに from を使うと「強い」感じがします。ガンから死に至るそのプロセスや時間経過が生々しく思い起こされる表現になるからです。特段のそうした意識が働かなければ of で十分。私なら of がファーストチョイスです。逆に、

ⓓ My husband died **from** overwork.
（私の夫は過労死だったのです）

この文からは話し手が「過労が原因で」と、死に至ったプロセス・因果関係を強調しようとしていることが伝わってきます。会社を訴えようとしているのでしょうか。

「単にリンクを貼る」of の希薄さ、もうみなさんは十分理解しましたね。次が最後の例。

ⓔ I know **about** London.（私はロンドンについて知っています）
ⓕ I know **of** London.（　　　〃　　　　）

訳は同じでもこの 2 つの文は「知っている」レベルが異なります。about は「まわり」明瞭な前置詞。ロンドンのまわりにある（ロンドンについての）さまざまな情報を知っているということ（know London はさらに強く『熟知』）。一方 of は「聞いたことがある」程度の意識。

of は単にリンクを貼るだけの希薄な前置詞です。さまざまな場面で用いられるその希薄さを理解することが of を上手に使うための絶対条件なんですよ。

ON [〜の上、など]

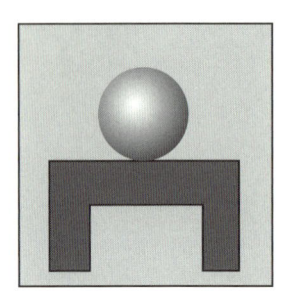

■基本イメージ

上に乗っている

　onの基本イメージは「上に乗っている」。接触しています。

There's an apple **on** the table.
（テーブルの上にリンゴがあるよ）

　この単純なイメージが、それをどう見るか、どう解釈するかによって、バラエティ豊かな意味を生み出します。さぁがんばろー。

Check Point 1.　接触

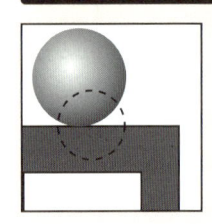

ⓐ I don't like having fluorescent lights **on** the ceiling.
（天井に蛍光灯ってのは好きじゃないんだよ）

　基本イメージの一部に注目してみましょう。左図のように接触していますね。こうした見方が on の「接触」を生み出します。on は「上」に限らず、接触一般をあらわすことができるんですよ。上の文、蛍光灯は天井の「下」についていますよね。それでも on。

ⓑ She is **on** the verge of a nervous breakdown.
（彼女はノイローゼ寸前だ）

　verge は「ヘリ」。図のような状況。下でも横でもへりでも「接触」していたら on の出番なんですよ。
　「接触」はさらにときの接触にまで使うことができます。

ⓒ **On** hearing the good news, he ran to tell all the family.
（いいニュースを聞いてすぐ、彼は家族全員に伝えに走った）

「～するとすぐ」ってことですよ。

Check Point 2. 接触から「線上」

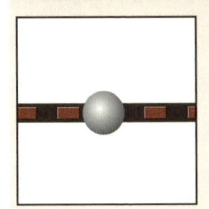

He lives **on** the Joban line.
（彼は常磐線沿線に住んでいる）

on は線のスペシャリスト。線上という位置関係は、中に入っている（in）わけでも、点（at）でもありません――「接触」であらわすことになる、というわけです。もちろん「線」とみなすことができれば、道でも国境線でもコンピューターネットワークでも（on line［接続中］なんていいますよね）、on を使うことができます。

Check Point 3. 接触から「活動中」

接触の感触は、この非常にプロダクティブな用法、「活動中」につながっています。英語で「活動」は流れとして意識されています。その流れの上にある意識で使われる、だから「活動中」は on。

ⓐ He's gone to Vietnam **on business**.
（仕事でベトナムに出かけてるよ）

business という活動の流れ。その流れの上にある意識です。on duty（勤務中）、on holiday/vacation（休暇中）、on sale（売り出し中）、などなど頻繁にあらわれますよ。「活動中」は on 単独でもあらわすことができます。

ⓑ The TV is **on**.（テレビついてるよ）
ⓒ The light is **on**.（ライトついてるよ）

ⓓ Who left the tap **on**?（誰が蛇口流しっぱなしにしたの？）

これらもテレビやライト、蛇口の活動が漠然と想起されています。そこに on! というわけですね。

活動中の on。最後は動詞とのコンビネーションを眺めてみましょう。

ⓔ Life **goes on**.（人生はずっと続いてゆく）
ⓕ I walked **on and on**.（私は歩き続けた）

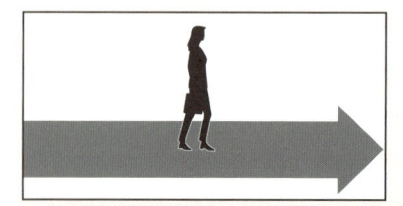

「活動中」が動詞の意味に「ずっと〜し続ける」というニュアンスを添えているんですよ。

Check Point 4.　接触から「〜について（関する）」

ⓐ This is a book **about**/**on** penguins.
（ペンギンについての本）

同じ日本語訳ですが about と on はニュアンスがまるでちがいます。a book **on** penguins には「専門書」といった趣きがあるのでしたね？　それは on の「接触」から。ペンギン（の「まわり」ではなく）ソノモノを対象にしていることが伝わってくるからです。

ⓑ Lisa talked **on** lions.
（リサはライオンについて話をした）

もうリサがどんな人なのか見えてきましたね？　うん。リサは専門家。ライオンについて専門的な話をしているんですよ。

☞ **ABOUT**（p.131）

●前置詞関連のイメージ●

Check Point 5.　圧力

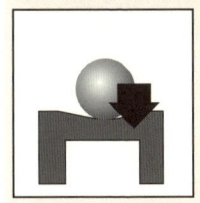

　さらに基本イメージを展開しましょう。基本イメージは上の球が下のテーブルに圧力をかけているように見えますね。グッと力が加わっています。

ⓐ Can you imagine the enormous pressure **on** politicians?
（政治家にかかる大きなプレッシャーを想像できる？）

　pressure がグッと政治家にかかる感触、それが on の感触です。

ⓑ He has a lot of things **on** his mind.
（たくさん悩みごとがある）

　今度は a lot of things。それが心にのしかかります。だから「悩んでいる」につながります。この「圧力のon」、なかなか日本語訳にはあらわれませんが、ネイティブは頻繁に使います。concentrate on（〜に集中する）、emphasis on（〜への強調）、influence on（〜への影響）など、みなさんがよく目にするフレーズにもこの語感は生きているんですよ。

Check Point 6.　支える

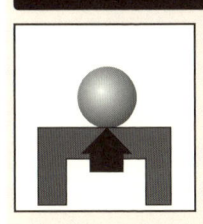

　さあ、それでは最後の展開。基本イメージは、下のテーブルが上の球を支えているようにも見えますね。

ⓐ He lives **on** his pension.
（彼は年金生活者だ）

　彼は「年金に支えられている＝年金生活者」だってこと。count on、rely on、depend on（〜に頼る）、be based on（〜に基づく）など、おなじみのフレーズにもたくさんこの on は出てきますよ。

さて、最後に問題。明らかに挙動不審な男を見かけた友人がひとこと。Is he on something? さてどういう意味でしょう？ 次の文がヒント。

ⓑ He is **on drugs**.（彼はヤク中だよ）

この文は「薬が彼を支えている→ヤク中」。さて、もうわかりましたね？ 答えは「アイツ妙なクスリでもきまってんのかよ」ですよ。

OVER [〜の上、など]

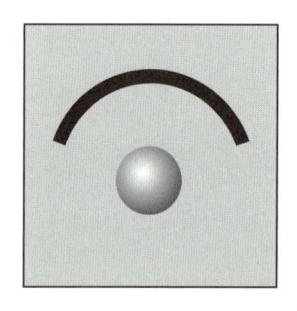

■基本イメージ

上に円弧

上に「円弧」、これが over の基本イメージです。このイメージが「上」を始め、さまざまな意味に展開します。

There's a painting **over** the fireplace.（暖炉の上に絵がかかっている）

Check Point 1. 想像でひろげる

「上に円弧」のイメージは非常にプロダクティブ。

ⓐ She is **over** 30.（彼女は30才以上だな。）
ⓑ The car was going **over** 200kph before it crashed.

（その車ぶつかる前に200キロ以上出ていたよ）

他のすべての前置詞同様 over も、さまざまな「上」に使われることがわかりますね。さあ over の基本イメージ、どんどん拡げていこう！

●前置詞関連のイメージ●

ⓒ Can you jump **over** the fence?
（フェンス飛び越えられる？）

ⓓ She'll get **over** the loss of her father.
（彼女はお父様の死をきっと乗り越える）

　over は位置だけでなく「動き」も当然あらわします。この「乗り越える」イメージはまた、「終わる」につながっています。

ⓔ The game is **over**.（試合は終わった）

「試合」を乗り越えた、ってことですね。

ⓕ Put this blanket **over** you.
（この毛布かけておくんだよ）

　基本イメージは、円弧が球を「覆っている」ようにも見えてきます。この文は「毛布をかぶって」つまり「覆う」という文。もちろんこの場合 above は使えません。「高さが上」なら風邪ひいちゃうからね。

☞ ABOVE (p.133)

ⓖ There was blood **all over** the place.
（そこらじゅう血だらけだった）

　これも「覆う」。「その場所を覆うように＝その場所すべて」ってこと。有名な **all over the world**（世界中）も同じだよ。

Check Point 2.　2倍・半分

　これは少々難易度の高いイメージ展開。over の円弧を2倍・半分にしてみましょう。

ⓐ The car rolled **over and over** down the cliff.
（車は崖をゴロゴロ転がり落ちた）

基本イメージの円弧。これが2重に重ねられると、回転になりますね。「回転」をあらわすときは、over and over のように2回繰り返すこともしばしばあります。モロにイメージ通りですよね。

ⓑ Thousands of trees fell **over** in the violent storm.
（ひどい嵐で数千もの木が倒れた）

今度は円弧を半分にしてみましょう。ほら、何かが倒れる時の動きがでてきます。

Check Point 3. 「よく」

ⓐ Think it **over**. （よく考えてみなさい）

なぜ over が「よく」なのでしょう。それは回転のイメージが感じられているからです。あらゆる角度から眺め考える、それが「よく」につながっているんですよ。他にも

ⓑ Let's talk it **over**. （よく話し合おうよ）
ⓒ Let me look it **over** first. （まずよく見せてみて）

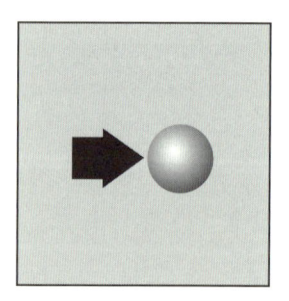

TO [〜へ・〜に]

■基本イメージ

到達

to のイメージは「到達」。

ⓐ He left **for** London.
（彼はロンドンに向けて出発した）
ⓑ He went **to** London.

●前置詞関連のイメージ●

（彼はロンドンに行った）

for と似ていますが、「向かう」だけの for と比べ、to は「到達」までを含んでいます。

Check Point 1. 「指し示す（point to）」意識

He **went** to London.
（彼はロンドンに行った）

「到達」を示す to には、独特の意識が付随しています。それは「指し示す」。この文は、彼が行った場所は（He went....）「ロンドンだよ」とその到達点を指し示す意識で使われているのです。

Check Point 2. 「指し示す」の広がり

to は到達点を指し示すだけの単語。その単純さがこの前置詞の広範な使用を支えています。次の例、すべてに「そこだよ」と指し示す感覚が生きていますよ。

ⓐ Staple your photo **to** the application form.
ⓑ They danced **to** the music.
ⓒ Listen **to** the music.
ⓓ Tom passed away, **to** my sorrow.
ⓔ I prefer London **to** New York.

ⓐ君の写真をホチキスでとめるのは「そこ」だよ、と申込用紙を指し示しています。ⓑ彼らが踊ったのは「音楽」に向かってだよ、と指し示しています。「音楽に合わせて踊った」ですね。ⓒ耳を傾けるのは……。ⓓトムが亡くなった（passed away）、そのできごとが「悲しみ」に到達していることを示しています。「悲しむべきことにトムは亡くなった。」ⓔprefer London で「ロンドンをより好む」。何より好むかというと……New Yorkを指し示しています。to はね、いつも「指し示す」。それだけの単語なんだよ。

■ TO 不定詞 (to + 動詞原形)

　to 不定詞（to + 動詞原形）に使われる to もイメージは前置詞 to と変わるところがありません。指し示す意識と共に用いられています。to 不定詞が織りなす一見多様な用法もすべて、この意識に集まってくるんですよ。

to have a girlfriend
　動詞原形

　to have a girlfriend は、have a girlfriend（ガールフレンドをもつ）という行為内容を to で指し示しているにすぎません。だからね、これだけでは「意味が決まらない」んですよ。文に置かれて初めてどんな意味で「指し示し」ているのかが決まってくるのです。

主語位置

ⓐ **To have a girlfriend** is such a wonderful thing.
　（ガールフレンドをもつというのは、とてもすばらしいことだ）

　まず主語の位置で使われる to 不定詞。ネイティブにとって to 不定詞をこの位置で使うことはあまり自然ではありません（It を前に出した形 It's such a wonderful thing to have a girlfriend. の方がはるかに自然）。それだけにこの位置の to 不定詞は特殊な響きをもっています——それは「抽象的一般論」。「ガールフレンドをもつとゆーことはぁ」とものすごく一般的な話が始まった感じがするのです。この感触は、この形がルール、あるいは定義を述べる際によく使われることからもわかるでしょう。

ⓑ **To smoke under the age of 20** is a crime in Japan.
　（20歳未満の喫煙は日本では犯罪です）

ⓒ **To open the door for a lady** is a sign of a true

gentleman.
（女性の為にドアを開けるのは真の紳士である証左である）

この語感は「指し示す」から生まれています。文の主題、一番目立つ主語の場所に指し示された内容を置く、そこから大上段に構えた大きな一般論、という感触が生まれているのです。

形容詞・動詞・名詞＋ to 不定詞

やや特殊な主語位置以外の to 不定詞、その使われるタイミングはすべて同じです。それは「足りないと（指し示して）おぎなう」という感覚。この感覚が to 不定詞を呼び込みます。

【形容詞とのコンビネーション例】

ⓐ He is **very keen** to have a girlfriend.
（彼はガールフレンドをもちたがっている）

to 不定詞の前の部分に注目しましょう。He is very keen（彼はウズウズしている）。ここで文が止まってしまったらどうでしょう。あきらかに不十分。「ウズウズ何をしたがっているのか」がわかりません。不定詞が使われるのはこのタイミング。「have a girlfriend だよ」と足りない部分を指しておぎなっています。

ⓑ Dynamite Kid is **likely** to win the match.
（ダイナマイトキッドが勝ちそう）
ⓒ My boss is **hard** to please.
（ボスを喜ばせるのはたいへんだ）
ⓓ You're **old enough** to know better.
（もっと聞き分けてもいい歳ですよ）

どの例も to までは尻切れトンボの「足りない」文。ⓑダイ

ナマイトキッドはしそうだ、ⓒ僕のボスはむずかしい、ⓓ君は十分歳をとっている——どれをとってもそのままでは文の意味が完結しません。それをおぎなう——それが to 不定詞のタイミングなのです。

【動詞とのコンビネーション例】

ⓔ I **want** to have a girl friend.
（ガールフレンドが欲しい）
ⓕ Please **remember** to post this letter.
（この手紙を投函するのを忘れないでね）
ⓖ I **like** to play with my kids in the park.
（子供と公園で遊ぶのが好きだ）

　動詞と to がコンビネーションで使われる場合も、まったく同じタイミング。ⓔ私はしたい、ⓕ覚えておいてね、ⓖ好きだ、どの文もやはり（何をするのかが）足りません。それを指し示しておぎなう、それが to 不定詞。さらに名詞とのコンビネーションを見てみましょう。

【名詞とのコンビネーション例】

ⓗ Who was **the last person** to use the bathroom?
（最後にトイレを使ったのは誰？）
ⓘ Shall I get you **something** to drink?
（何か飲み物をもってきましょうか？）

　to 不定詞が last、only、first などがついた名詞と、とりわけよくコンビネーションを作ることに気がついたことはありますか？　それは、この種の単語がさらなる情報を要求するからです。

the last person と言っただけでは「何をした最後の人」なのかが足りなくなりますね？ 同じように -thing（something、anything、など）も to でおぎないたくなる典型的な名詞です。Shall I get you something（何かもってきましょうか）だけでは、漠然としすぎていますからね。

【wh 語とのコンビネーション例】

I don't know **how** to use this machine.
（この機械の使い方わからないよ）

　how to（どうやって〜するのか・〜のやり方）は熟語ではありません。試しに I don't know how. で文を止めてみましょう。「やり方わからないよ」。これでは何のことだか、よくわかりませんよね。「何をするやり方なのか」をおぎなう必要がある、だから to 不定詞が後続しているのです。今までの例とまったく同じタイミングなんですよ。もちろん他の wh 語（what、where、when、which など）とも自由にコンビネーションを作ることができます。

　to 不定詞を使うタイミングはすべて同じ。「足りないを（指し示して）おぎなう」、そこにあるのですよ。

その他（文脈にすべてがある）

　to 不定詞は足りない情報を「指し示して」おぎなうにすぎません。一般の文法書では、to 不定詞には「目的・結果・感情の原因・判断の根拠」などさまざまな使い方があるとされています。ですが to 不定詞それ自体にさまざまな意味があるわけではないのです。

ⓐ **I was so pleased** to hear that.
　（それを聞いて本当にうれしかったよ）

ここで to 不定詞は「うれしかった」、感情の原因を述べていますね。ですが、それは to 不定詞に「感情の原因を述べる用法がある」からではありません。I was so pleased（うれしかったよ）、これでは文は「足りません」。「うれしかったよ」と言われたら普通「どうしてうれしかったのか」聞きたくなりますよね？　それをおぎなっているから、to 不定詞が「原因」をあらわしているように見えるのです。to 不定詞にむずかしいことは何ひとつありません。そこまでの文脈に欠けているものを指し示しておぎなう、ただそれだけのことなのです。その他の「用法」もまったく同じこと。

ⓑ **I went to the video store** to rent a movie.【目的】
　（映画を借りにビデオ屋に行った）
ⓒ **He's grown up** to be a fine young man.【結果】
　（彼は大きくなってすばらしい若者になった）
ⓓ **He must be rich** to own such a car.【判断の根拠】
　（そんな車、もっているなんて金持ちにちがいない）

　ⓑ「ビデオ屋に行った」、ここで文が終わってしまったら「何のために？・どうして」など聞きたくなりますね。それを先回りしておぎなっている、それがここの to 不定詞です。ⓒ「彼は育ちました」。ここで文を終わることはできません。「育ってどうなったのか」、それを to 不定詞が示しています。ⓓ「金持ちにちがいない」と聞けば、「どうしてそんなことわかるんだろ」と気になります。ですから to 不定詞でおぎなっているんですよ。

　繰り返します。to 不定詞自体に意味はありません。文脈によってただ指し示すだけの to 不定詞に意味が与えられているのです。そしてこのことは to 不定詞を使いこなす私たちにとって、この上もない朗報なのです。用法にしばられることなく、足りないと思ったら to 不定詞でおぎなえばよいのですから。

ⓔ I've lost my camera! —Don't worry. **I'll help you** to look for it.
(カメラなくしちゃったよ！——大丈夫、探すの手伝ってあげるよ)

話し手は I'll help you（助けてあげるよ）と言った瞬間、「足りないな」と思っています。何をして助けてあげるのか——探すのか、自分のカメラを貸すのか、お金をカンパしてあげるのか——を明瞭にする必要を感じているのです。だから to。「探すのを、ね」。to 不定詞のタイミング、カンタンでしょう？ だからこそネイティブは苦もなくこの形を使いこなすことができるんですよ。

TOWARD(S) [〜へ]

■基本イメージ
方向だよ

「〜の方向へ」。「方向」に特化した、まぎれなく「〜の方へ向かって、だよ」を表現する単語。

They sailed **towards** the island.
（彼らは島に向かって帆走した）

-ward は「方向」を示します。forward（前に）、backward（後ろに）、homeward（ふるさとへ）。この単語がもつ「方向」の強さが理解できますよね。

THROUGH [～を通して]

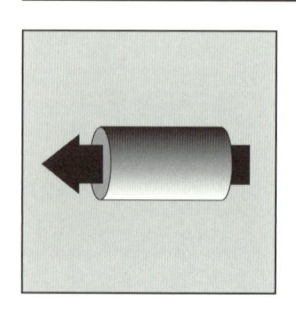

■基本イメージ

トンネル通過

　through は「通って」。トンネル状のものを抜けていくイメージ。

The car went **through** the tunnel.
（車はトンネルを通って行った）

Check Point 1.　さまざまな使い方

「通り抜ける」。このイメージは次のような比喩的な使い方に生きています。

ⓐ We made it **through** your help.
　（君の助力を通して成功することができた）
ⓑ We talked **through** an interpreter.（通訳を通じて話した）

　はは。「通じて」――あたりまえの使い方ですね。through はまた、トンネルを期間に見立てることもできます。

ⓒ We partied all **through** the night.
　（一晩中パーティをした）

　トンネルが「夜」という期間。その期間の「初めから終わりまでずっと」、つまり「一晩中」ってこと。from October 1 **through** October 31（10月1日から31日まで）も同じ。「その期間ずっと」。

　次の文、何を through したのかは書いてないけど、through のイメージをしっかりつかんだみなさんなら、何を言わんとして

●前置詞関連のイメージ●

いるかわかるはず。

ⓓ I'm **through** with my boyfriend.

そう「おつきあい」を through してしまった（つまり「別れた」）ってことですよね。

UNDER [～の下]

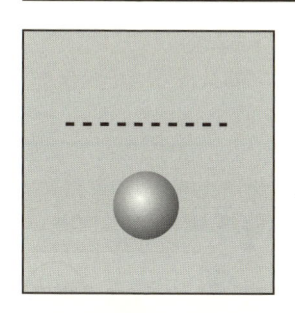

■基本イメージ

下

基本イメージはもちろん「下」。以上。

The cat is hiding **under** the bed.
（ネコはベッドの下に隠れているよ）

Check Point 1. 監督下・影響下

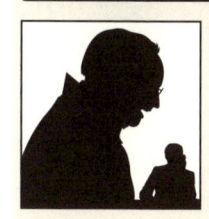

under 20（20歳未満）など、あたりまえの「下」への広がり以外に特に注意すべき使い方がいくつかあります。まずは監督下・影響下。日本語でも「〜先生の下（もと）で研鑽を積んだ」などといいますね。

ⓐ I studied linguistics **under** several excellent professors.
（何人かのすぐれた教授のもと言語学を学んだ）
ⓑ Forgive him. He's **under** the influence of alcohol.
（ヤツを許してやれよ。アルコールのせいさ）

177

Check Point 2.　未完成

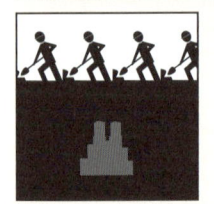

The bridge is **under** construction.
（その橋は工事中）

　under のユニークなイメージのひろがり、もう1つは「未完成」。ある活動の「下（もと）」にあり、完成形に達していないということ。under discussion（協議中）、under repair（修理中）、under way（進行中）などなど。

WITH [〜と]

■基本イメージ

つながり

　with の基本イメージは「つながり」。さまざまなつながりをあらわします。

I went out **with** my girlfriend.
（ガールフレンドとデートした）

　with には「つながり」以外に「方向」のイメージもあり注意が必要です。

Check Point 1.　場所のつながり

ⓐ Will you go out **with** me?
（僕とデートしてくれないかな）

　場所的なつながり。「いっしょ」。次の例も同様の例です。日本語の「と」よりもはるかに広く使えることを確認してくださいね。

ⓑ Do you have a pen **with** you?

●前置詞関連のイメージ●

(ペン持っていますか？)

ⓒ I like girls **with** blonde hair.
(ブロンドの女の子が好きだなぁ)

　with が「道具」をあらわすのに使われるのも、手で握った「いっしょ感」があるからですよ。

ⓓ She stabbed him **with** a knife.
(彼女は彼をナイフで刺した)
ⓔ It's the first time I've eaten **with** chopsticks.
(箸で食べるの初めてなんだよ)

Check Point 2.　時間のつながり・原因─結果

ⓐ He was talking **with** his hand in his pocket.
(彼はポケットに手を入れて話していた)
ⓑ Wine improves **with** age.
(ワインは年月と共に良くなっていく)

　時間的つながり。「同時に」ってこと。ⓐでは「話す」「ポケットに手」が with でしっかり結ばれて、同時に起こっていることが示されています。

　「原因─結果」も「つながり」の一種。

ⓒ I'm in bed **with** a cold. (風邪で寝てた)

Check Point 3.　方向の with

　with には「方向（～にたいして）」のイメージが同居しています。かつてこの単語が against, toward の意味で使われていた名残でしょう。

ⓐ He is strict **with** children. (彼は子供にたいして厳格だ)

ⓑ I'm really happy **with** your work.
（君の仕事にとても満足している）
ⓒ I'm angry **with** you.（僕は君に怒ってるよ）
ⓓ What's the matter **with** her?（彼女どうしたんだい？）

ⓓは彼女を指して「どうしたんだい」という感じ。方向の with。注意して下さいね。

WITHIN [〜以内に]

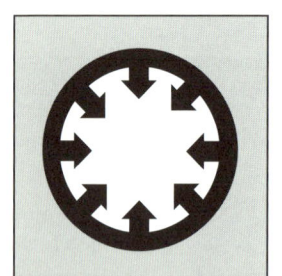

■基本イメージ

範囲内

基本イメージは「範囲内」。in に近いイメージですが、境界「内」が明確に意識されています。時間・場所などさまざまな「内」に使うことができます。

ⓐ We are now **within** 5 kilometers of the airport.
（私たちは今、空港から 5 km 以内にいるよ）
ⓑ Finish it **within** 5 minutes.（5 分以内に終わらせるように）

●前置詞関連のイメージ●

WITHOUT [〜なしで、など]

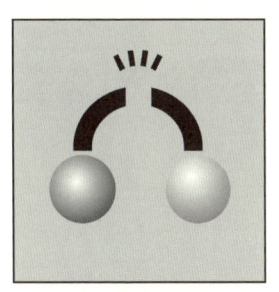

■基本イメージ

つながりなし

「つながりないよ」。それが without。

Just go **without** me.
(僕はおいていってね)

Check Point 1. with との平行性

with と without はその使い方の広がりにおいても、表裏一体。あたりまえで、とってもごめんだけど。

【場所のつながり】
ⓐ Look at the girl **with** the pierced lips and nose.
 (唇と鼻にピアスをつけた女の子、見てごらんよ)
ⓑ I like a man **without** a beard. (髭のない男の人が好き)

【道具】
ⓒ I wrote this **with** the computer.
 (これ、パソコンで書いたんだよ)
ⓓ I can't work **without** a computer.
 (パソコンなしでは働けない)

ま。with が使えれば without は楽勝ってことだよ。よーするに。

☞ WITH (p.178)

■

前置詞のイメージ、いかがでしたか。前置詞は日本語訳や用法の丸暗記ではけっしてつかむことはできません。その多岐にわた

る意味の展開を自分のものにするためには、「？」を習慣づけること。日常の英語学習で、いつでも「なぜこの文ではこの前置詞が選ばれるのか」にいつもアンテナを立てておいてください。そしてその前置詞を選んだキモチを基本イメージから「導き出して」ください。キモチを探る──そうやって前置詞のセンスは磨かれていくのです。少しずつ。でも着実に。

　がんばってくださいね。

Chapter 5
接続詞関連のイメージ
Conjunction images

and、or、but など、英語にもさまざまな接続詞があります。今まで同様、しっかりとイメージの基礎を築いておきましょう。今までバラバラに覚えてきた各種用法も、自然なイメージの延長線上にあることがわかります。

●接続詞関連のイメージ●

AND [そして・と]

■基本イメージ

流れ（フロー）

and は単なる「A と B」ではありません。基本イメージは「流れ」。順々に進んでいく流れを意識すると一段と深く理解することができます。

Jane **and** Nancy are sisters.
（ジェーンとナンシーは姉妹です）

「ジェーンそれからナンシー」という視線の流れが感じられる文。それが and の感触なんですよ。

Check Point 1.　and はいつも「流れ」

and は単に「A + B」ではありません。そこにはいつも流れが意識されています。

I made a sandwich **and** ate it.（サンドイッチを作って食べた）

and は、「サンドイッチを作った → 食べた」という時間の流れを写し取っていますね。けっして［×］I ate a sandwich and made it.（サンドイッチを食べて作った）とはならない。それは流れが意識されているからなんですよ。

Check Point 2.　こんな流れも...

and が写し取るのは時間の流れだけではありません。

I refused their offer **and** they got upset.
（彼らの申し出を断ったら憤慨していたよ）

185

「侮辱した → 怒った」。どう今度は原因と結果の流れです。and はいつだって流れ。流れなんですよ。

Check Point 3.　命令文 ＋ and

Practice hard, **and** you'll make the team.
(一生懸命練習しなさい。そうすればチームの一員になれるよ)

「命令文 ＋ and（〜しなさい、そうしたら）」、よく使われる形です。「練習しろ → 一員になれる」。and が流れだとわかっていればダッシュで作れる文ですよ。

OR [か・もしくは]

■基本イメージ

選択

「 A か B 」。選択をあらわすのがこの or。楽勝だよねー。

Which color do you want, red **or** blue？
(どっちの色がいい――赤それとも青？)

Check Point 1.　命令文 ＋ or

We'd better hurry, **or** we'll miss the train.
(急がなきゃ、そうしないと電車に乗り遅れるよ)

今度は「命令文 ＋ or」の形。「〜しなさい、さもないと」と覚えている人も多いようですが、訳なんてどうでもいいんだよ。「急ぐか、電車に遅れるかだ」という選択を感じること。それがネイティブの感じ方です。

●接続詞関連のイメージ●

BUT [しかし]

■基本イメージ
フローを打ち消す

　but の本質は、それ以前の流れを打ち消すところにあります。「フローを打ち消す」それが but のイメージ。

She never studies **but** always passes the tests!
(彼女は全然勉強しないけど、いつもテストには合格するんだよ！)

　She never studies なら、「じゃテストは落第」が当然の流れでしょう？　それを but で打ち消しています。流れを感じて、それを打ち消す。それが but のタイミングなんですよ。

Check Point 1.　but の感触

　次の会話文を読んで、フローを打ち消す but の感触を味わってください。

A: Now, you just listen to me. I'm totally fed up! This is the third time you've repaired my washing-machine and it still isn't working properly. I want my money back right now, or...
B: **But, but**, sir. I don't work here. I'm also here to complain!
(A: いいか、よくきけよ。もううんざりなんだ！　君がこの洗濯機を直すのはもう 3 回目だがまだ壊れたままなんだよ。今すぐ返金したまえ、さもないと……。B: で、でも、僕はここの店員じゃありません。僕も文句を言いに来たんですよ！)

日本語の「で、でも」。ここに私たちは相手の発言を打ち消す強さを込めるでしょう？　英語だって同じだよ。but は単に「文と文とを逆接でつなぐ」わけじゃないのです。打ち消す、その意識が大切なんだよ。

Check Point 2.　Excuse me, but...

　次の文、どうして but が使われているかわかりますか？

Excuse me, **but** can you keep the noise down, please?
(すいませんが、もう少し静かにしてくれます？)

　日本語でもこんなこと言いますよね。謝罪の流れを「すいませんが」と軽く断ち切ってからリクエストを始める、そんな気持ちで使われている but です。

Check Point 3.　Yes, but...

　Yes, but... は会話でよく使われるフレーズ。でも、「はい、しかし」と日本語に訳すだけではキモチはわかりませんよね。これは「相手をいったん受け入れてから、自分の意見を言う」表現。まず受け入れることによって、but のもつ打ち消しのショックをやわらげているんですよ。相手を怒らせることなく意見を通す、テクニックの１つです。

A: Just go up to her and ask her out. It's simple.
B: **Yeah, but...**
(A: 彼女のところにいってデートに誘えよ。簡単さ。　B: うん、でも……)

●接続詞関連のイメージ●

so [だから]

■基本イメージ

→ (矢印)

so は「だから」。矢印をイメージとしてもつ単語です。

I didn't use suntan lotion, **so** I got burned.
(日焼けローション使わなかったから焼けちゃったよ)

Check Point 1. so 〜 (that)... という「熟語」

so には、接続詞としての使い方の他、強調(とても・たいへん)をあらわす使い方もあります(☞ **強調表現 (p.233)**)。おもしろいことに、強調として使う場合にもこの「→」のイメージは生きているんです。

ⓐ Many people were **so** scared that they left the theater.
((映画が)ものすごく怖かったので多くの人は映画館を出た)

so 〜 (that)... は「たいへん〜なので...だ」。有名な「熟語」ですね。それでは問題。なぜ very 〜 (that)... とは言えないのでしょう。very も「たいへん」という意味をもっているのに。

実は、very と so はどちらも強調ですがニュアンスがちょっとだけちがうんですよ。

ⓑ Their new baby is **very** cute.
(彼らの赤ちゃん、とってもかわいいよ)
ⓒ Their new baby is **so** cute. (〃   )

189

> so scared ➡ they left...
> very scared. (they left...)

very cute は「非常にかわいい」、ただそれだけ。だけど so はちがいます。「とってもかわいい」(だから抱きしめたい・だから手を握りたい) など、「尾を引く」感じがするんです。そう、接続詞 so のもつイメージ (→) が、強調として使われたときにも感じられているんですよ。

Many people were **so** scared と言ったとき、そこには「だから (→)...」が感じられている、だからこそ、they left the theater が自然と接続するんです。それがこの文のリズム。ネイティブは「熟語」として丸暗記して使っているわけではありません。実に自然なコンビネーションなんですよ。

☞ THAT (p.255)

Check Point 2.　so (that) ... 〜ために

次の文の意味を考えてみましょう。

She sat right by the entrance **so** he would notice her.
(彼女は彼に気がついてもらえるように入り口のところに座っていた)

so には「〜するように」という「目的」の使い方があります。だけど、みなさんはもう不思議ではありませんね。そうやっぱり「→」ってことなんですよ。

●接続詞関連のイメージ●

BECAUSE [〜ので・なぜなら]

■基本イメージ

歯車

　because は単機能。「理由」を述べる以外の機能はありません。こうした単語は、使うそばからその意味がハッキリと認識されるので非常に強い響きをもっています。ガチンと「理由ー結果」を結びつける。それが because なのです。

Because it was pouring down, I gave her a ride home.
（雨が激しく降っていたので、彼女を車で家に送ってあげた）

Check Point 1. 理由をあらわすその他の接続詞

　理由をあらわす接続詞にはさまざまな強さがあります。

ⓐ It was pouring down **and** I gave her a ride home.
ⓑ **As** it was pouring down, I gave her a ride home.
ⓒ **Since** it was pouring down, I gave her a ride home.
　（訳はすべて：雨が激しく降っていたので、彼女を車で送ってあげた）

　ⓐ and の場合「雨が激しく降ってさ、送ってあげたんだよ」程度の強さ。理由といえば理由なんだけどね、単にできごとの流れを示しているだけ。ⓑ as も大差ありません。ⓒ since は多少強まるって感じ。because はこれらの語と比べると飛び抜けて強く「理由ー結果」を結びつけます。というのは、because は単機能だから。使い方がこれだけしかないから。他の語のようにさまざまな意味関係に使えるわけじゃない、このことが because の強さを支えているのです。

SINCE [〜なので]

■基本イメージ

起点

since のイメージは「起点」。「〜なので」と理由をあらわす使い方はこのイメージから生まれています。

Since it was pouring down, I gave her a ride home.
(雨が激しく降っていたので、彼女を車で家に送ってあげた)

Check Point 1. 起点をあらわす since

もちろん since の使い方は「なので」に留まりません。「〜以来」をあらわすことだってできます。

ⓐ I haven't ridden a horse **since** I left Australia.
(オーストラリアを出てから馬に乗ってないよ)
ⓑ We have been friends **since** elementary school.
(小学校の頃からの友達だよ)

どちらにも「起点」が意識されていますね。

●接続詞関連のイメージ●

AS [〜(する)とき・〜なので・〜につれて、など]

■基本イメージ

コメントを貼り付ける

　as には非常に多くの使い方がありますが、その理由はたいへん「ゆるい」そのイメージにあります。ポンとコメントを「貼りつける」。それが as のイメージなんですよ。

As the tsunami hit the shore, everyone ran for their lives.
(津波が海岸にやってきたとき、みな命からがら逃げ出した)

　この as を、文脈も見ずに「『とき』の as だ」とわかるネイティブは1人もいません。「命からがら逃げ出した」というできごとに the tsunami hit the shore がポンと貼り付けられている、それがこの文の感触。そこから「津波が来たとき、逃げた」あるいは「津波が来たから、逃げた」んだな、と判断する。それがネイティブの as なんですよ。

　ただ貼り付けるだけ。そこから自由に解釈する。だからこそ as はさまざまな意味関係をあらわすことができるんです。それがまた、他の強い意味を伴った接続詞にはない、気軽な使い勝手のよさにつながっているのです。

Check Point 1.　as —さまざまな意味

　次の文で as はどんな意味をもっているのでしょうか。前後の文をよく読んで想像するんだよ。

ⓐ **As** it was a glorious day, we went to the beach.
　(素晴らしい天気だったのでビーチにでかけた)

ⓑ **As** the ozone layer gets thinner, (so) skin cancer fear grows.
(オゾン層が薄くなるにつれて皮膚癌の恐れは大きくなる)

そりゃ詳しくいえばⓐは「理由」をあらわしているんだし、ⓑは「比例関係」。だけどね、ネイティブの意識は「貼り付けている」だけ。ⓐは「ビーチに出かけたんだよ」に「天気がよかったんだ」をポン。ⓑは「皮膚癌の恐れは大きくなる」に「オゾン層がだんだん薄くなる」がポン。次の典型的な as の使い方を見てみよう。まったく同じ感触だよ。

ⓒ **As everyone knows**, life isn't easy!
(誰もが知っているように人生はたやすいものじゃない！)

「人生はたやすくない」に「みんな知ってるさ」がペシッっと貼りつけられてる。as はね、気軽に貼り付ける、それでいいんだよ。

Check Point 2. 注釈をつける

貼り付けてコメントする as は、語句に注釈をつける、もっともカンタンな方法です。ターゲットにポンと説明を貼り付ける、この感触が as という単語をとっても使いやすい、便利なモノにしているんですよ。赤字の狙ったターゲットにペタペタ貼り付けてくださいね。

ⓐ **As your doctor**, I have to advise you to quit smoking.
(君の医者として禁煙をアドバイスせざるをえないな)
ⓑ I regard **my new job as a great challenge**.
(新しい仕事は大きなチャレンジだと見ているよ)
ⓒ **Do** as I say.
(僕が言ったとおりしろ。)

ⓓ **I paid my debts, as agreed**.
（債務は支払いました。合意したとおりに）

ⓐは I に「君の医者だよ」という注釈をつけていますね。同じようにⓑは my new job に、ⓒは do（する方法）に、ⓓは文全体に注釈を貼り付けます。何度か「貼り付ける」気持ちで読んでごらん。すぐにできるようになる。

Check Point 3.　as...as の形

おなじみ as...as の形も、やっぱり「貼り付け」。

ⓐ You are **as stubborn as** your father.
（あんたはお父さんと同じくらいガンコだねぇ）

この文は You are stubborn だってこと。どの程度 stubborn なのか、そこに your father を貼り付けているんですよ。どんなに複雑に見えてもやってることは単なる貼りつけ。また、as の間に来るのは 1 単語だけ、なんて制限はありません。

ⓑ These kids are **as tough to control as** a bunch of wild animals!
（この子たちは野生動物の群れみたいにコントロールがむずかしい！）

キモチは上の文とまったく同じ。「どのくらい tough to control なのか」に、野生動物の群れがポンと貼り付けられているんですよ。

THOUGH・ALTHOUGH [～だが]

■基本イメージ
ちょこっと逆流

though のイメージは「ちょこっと逆流」。

Although (though) he was injured, he carried on playing.
（彼はケガをしていたがプレーを続けた）

全体の流れが変わるわけじゃない。「〜けど〜した」。全体の流れに沿わないちょっとした逆流がありますよってこと。

Check Point 1. 最後っ屁の though

これは though だけの、気の置けない使い方。最後っ屁のように、プリッとつけるのがコツだよ。

Colin is very efficient. He can be a bit cold, **though**.
（コリンは有能だよ。ちびっと冷たいところもあるけどね）

●接続詞関連のイメージ●

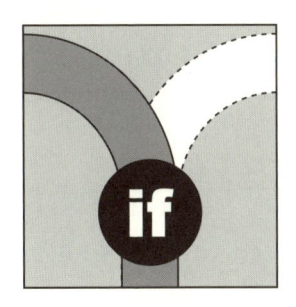

IF [もし]

■基本イメージ

条件

　if は「もし〜なら」。条件を課す単語。

If you do this, I'll do that.
（君がこれやってくれたらあれやってやるよ）

　if は「2択」を連想させることにも注意しておきましょう。「もし〜なら」という条件は、そうじゃなかった場合も想起させますからね。2つの道のうち「こちらに進めば...」という感触がしばしば感じられるんですよ。

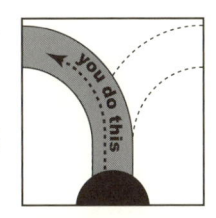

Check Point 1. if... の標準的な文の形

　if を使った文の標準的な形をしっかりと頭に入れておきましょう。

ⓐ **If** you do this, I'**ll (will)** do that.
（君がこれやってくれたらあれやってやるよ）

　注意すべきは、帰結節（結びの文）の will。「もし〜なら、〜だろう（するよ）」と結ぶ、それが標準的な形です。will で結ばないときどんなニュアンスになるか考えてみましょう。

【単純（ただの）現在形】

ⓑ **If** you don't stop playing around, I **divorce** you!
（もしあなたがフラフラ遊び回るのをやめないなら、離婚するわよ）

　現在形が帰結節に来ると「断言の強さ」が感じられます。「〜だ

ろう」などという不確定要素が微塵も感じられない強さ。かなり高圧的に受け取られます。

【現在進行形】
ⓒ **If** you don't stop playing around, I**'m divorcing** you.
（もしあなたがフラフラ遊び回るのをやめないなら、離婚するわよ）

こちらも高圧的な形。-ing は「できごとがイキイキと起こっている形」です。まだ警察を呼んでいるわけじゃないけど、そのできごとが展開しつつある感触が、この文に高い圧力を与えているのです。

☞ （現在・過去）進行形（p.216）

Check Point 2.　if は広く使え

if は条件を課す単語。使い方によっては、交渉のための強力な武器となります。たとえば…

ⓐ **If** you don't do exactly as we say, you all die.【脅迫】
（もし言うとおりにしなければ、お前たちはみんな死ぬことになる）
ⓑ **If** you exercise more, you'll feel much healthier.【アドバイス】
（もっと運動すれば、健康になれるよ）
ⓒ What **if** we went on a safari this summer?【意見・提案】
（今年の夏サファリに行ったらどうだろう）

はははは。僕たちが日本語で「もし〜」を駆使するのと同じだよ。ただ英語でも同じことができるようにってことさ。

Check Point 3.　「〜かどうか」の if

下の文で if は「〜かどうか」という意味。さてどうしてこんな意味になるんでしょうか。

ⓐ I don't know/I'm not sure/He's asking **if** Michelle

received the package.
(ミシェルが小包を受け取ったかどうか、わからないよ／確信がもてない・(彼は) 尋ねている)

うん。そのとーり。if からネイティブが連想する「2択」のイメージが、この「かどうか」という使い方を産みだしているんです。

だけどね、if の基本は「条件」。「2択」はそこから連想されるニュアンスに過ぎません。弱いんだよ。だから上の例のように「2択」だってことがクッキリわかる文脈でしか使えないんです。たとえば主語の位置に置いてみましょうか。

ⓑ [×] **If aliens drew the Nazca Lines** or not is a controversial theory.
(ナスカの線画が宇宙人の手によるものかどうかは議論の分かれるところだ)

文頭だと「条件かな？」と思ってしまうでしょ？「2択」だということが—文脈がないから—すぐ伝わらない。だからだめ。使えないんだよ。

Check Point 4. 「かんけーねーよ」の if

「if は『もし〜なら、何か起こる』ってことだ」、と思っていませんか？ まぁ普通はそうなんだけど、そもそも if は単に条件 (もし〜) を提示しているだけ。だから「もし〜でも、何もおこらないよ。かんけーねーよ」だってあらわすことができるんですよ。

ⓐ I don't care **if** you get hurt. (君がケガしたって気にしないよ)

「関係ねーよ」が聞こえてきましたか？ ちなみに、この if はよく「＝even if」とか説明してることがあるんだけど、ちびっとだけちがう。if は「可能性を意識」してるんだよ。「君はケガするか

もしれない、それでも気にしないよ」。一方 even if は、「たとえケガしたとしたって気にしないさ」——その可能性には目を向けていません。「気にしない範囲」を示しているにすぎません。だって even は「さえ」。いつだって「範囲」を示す単語なんだからね。

ⓑ **Even** my 5-year-old daughter can do it.
（僕の5歳の娘さえそんなことできるさ）
☞ **EVEN** (p.245)

WHETHER [〜かどうか]

■基本イメージ

純正2択

whether はクッキリと「2択」。単機能。if のように「条件」のうしろに2択が隠れているわけではありません。2択を直接示す単語です。

I don't know **whether** we can afford it.
（買えるかどうかわからないよ）

Check Point 1. 純正2択の強み

whether は純正2択。だからね、どんな場所でも、どんなに文脈がなくても、いつだって2択の意味で使えます。

Whether aliens drew the Nazca Lines or not is a controversial theory.

(ナスカの線画が宇宙人の手によるものかどうかは議論の分かれるところだ)

さらに whether の2択は if よりもフォーマル (キチンとした) に感じられるんです。正確に物言いをしているって感じ。これぞ単機能の強みですね。

☞ BECAUSE (p.191)

Check Point 2. 「かんけーねーよ」の whether

whether の機能は2択を示す、ただそれだけのことです。だからね、「どちらであろうが、関係ねーよ」の使い方だってできるんですよ。

Look, I'm going to marry him, **whether** you like it **or not**.
(いい、私はあの人と結婚するの。あなたが好むと好まざるとに関わらず)

WHEN [〜とき]

■基本イメージ
位置づける

できごとを位置づける、それが when のイメージです。

When Chris came to Japan, he couldn't speak one word of Japanese. (Now he can speak two!)
(日本に来たときクリスはひと言も日本語を話せなかった。今ではふた言くらい言えるよ!)

he couldn't speak... を、ある時点に位置づけるキモチで使わ

れています。

Check Point 1. 「場合」への拡張

whenが位置づけるのは「時間軸上」だけではありません。

I get nervous **when** I'm about to board a plane.
(飛行機に搭乗するときには緊張します)

飛行機に乗る「場合には」、ってこと。時でも場合でもいいんです。「できごとを位置づける」、それがwhenのイメージ。

WHILE [～するあいだに]

■基本イメージ

2つクッキリ

「2つのできごとがクッキリと意識されている」、それがwhileのイメージ。典型的な使い方は「同時」。2つのできごとが同時に起こっていることを示します。ある1つのできごとを「位置づけるwhen」とは対照的ですね。

While I was driving to work, I had a strange déjà vu experience.
(仕事に行くのに車を運転している途中、奇妙なデジャブを経験した)

Check Point 1. できごとを「対照」する

2つのできごとがクッキリ意識されている、そこから「コントラスト」の使い方が生まれます。

Many believe Mozart to be the greatest classical composer in history, **while** others believe Beethoven deserves that title.
(多くの人が歴史上最も偉大なクラシックの作曲家はモーツァルトだと思っている一方、ベートーベンこそその称号に相応しいと思っている人もいる)

「一方」という日本語が当てはまるような強いコントラストが感じられますね。while はいつでも「2つをクッキリと」、ですよ。

Chapter 6
とき
のイメージ
Temporal expression images

この章では「とき表現」をとりあげます。多くの方にとって、とき表現は「単語」というよりは「文法事項」と呼ぶ方がふさわしく感じられるにちがいありません。でもね、とき表現もその性質は、the、go、can などの単語と変わるところはありません──単純な基本イメージが豊かな用法を派生させているのです。
　過去形、現在形、-ing 形、完了形など、ときをあらわす形式にもまた、独自のイメージがあります。それぞれのとき表現にはさまざまな用法がありますが、征服の仕方はいつもと同じ。大元となる基本イメージを展開する。ただそれだけのことなのです。

●ときのイメージ●

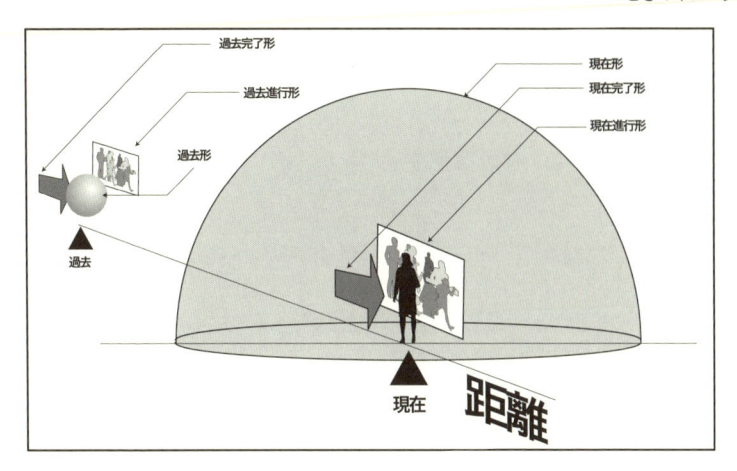

英語の主要とき表現

■現在形・過去形

動詞の現在形・過去形だけで作る形です。

I <u>go</u> to work at 7:30.（7:30に会社に行きます）【現在形】
現在形

※動詞の現在形だけで作る形です。現在形はパッと見、原形（辞書に載っているそのままの形）と区別はつきませんが、Tom、He、The penなど単数主語の場合 -s(-es) の形となります。

I <u>went</u> to work at 7:30.（7:30に会社に行きました）【過去形】
過去形

※動詞の過去形（-edなど）だけで作る形です。主語によって過去形が変わるなんてことはありませんが、使われる頻度が高ければ高いほど動詞は不規則変化となります。

■現在完了形・過去完了形

完了形は「have + 過去分詞」。助動詞 have を現在形・過去形にすることによって、現在完了形・過去完了形になります。

207

I <u>have cleaned</u> up the mess.
 have ＋ 過去分詞

（散らかった部屋を片付けた）【現在完了形】
※Tom、The pen など単数主語の場合、通常の動詞 have（もっている）と同じように has となります。

I <u>had cleaned</u> up the mess by the time my parents got home.
 had ＋ 過去分詞

（両親が家に着くまでに散らかった部屋を片付けた）【過去完了形】
※頻度はそれほど高くありません。

■現在進行形・過去進行形

　進行形は「be ＋ 動詞 -ing 形」。be 動詞を現在形・過去形にすることによって、現在進行形・過去進行形になります。

Tom <u>is eating</u> chocolate.
 beの現在形 ＋ -ing

（チョコを食べています）【現在進行形】

Tom <u>was eating</u> chocolate.
 beの過去形 ＋ -ing

（チョコを食べていました）【過去進行形】

　それぞれのとき表現の距離感をイメージで使えば、今までよりはるかに楽に、そして豊かにとき表現を使いこなすことができるようになります。

現在形

■基本イメージ

一体感

現在形は「一体感」の形。状況との一体感が感じられています。この単純なイメージがさまざまな用法に展開していきます。

Check Point 1. 現在を含め広く成り立つ状況・習慣

一体感の意識──まずは広く安定した状況に包まれる感触の例から。

ⓐ I'm a student/ teacher/ dentist.
（私は学生／教師／歯医者です）
ⓑ Humans **are** social animals.
（人間は社会的動物です）
ⓒ A leap year **has** 366 days.（うるう年は 366 日あります）

「私は学生」、「人間は社会的動物」「うるう年は 366 日」、どの文もコロコロと変わることのない安定した状況をあらわしています。現在形のもつ典型的ニュアンス。次の文もまったく同じ感触ですよ。

ⓓ I **go** to school by bus.（僕はバスで学校に行くんだよ）

この文は、「今学校に向かっています」と現在進行中の状況をあらわしているわけではありません。習慣──「普段」「いつも」バスで学校に行くと述べているのです。もうみなさんは次の現在形がもつ感触が手に取るようにわかるはず。

ⓔ I'm a soccer player. I **practice** 6 hours a day and I **play**

2 matches a week.
(僕はサッカー選手。1日6時間練習して試合は週に2日さ)

話し手を包み込む、変わることのない安定した状況、それが現在形の持ち味なのです。最後の問題。次の意味のちがいを考えてみましょう。

ⓕ 【a】 What are you doing?
　　【b】 What do you do?

【a】は「(今)何やっているの？」、その場で行われていることをあらわす現在進行形の文。それにたいして【b】は、「何を(普段)やっているのですか？」、相手の職業を尋ねているのです。

Check Point 2.　現在の思考・感情

今抱いている思考・感情は現在形であらわされます(現在進行形ではありません)。思考や感情に包まれている——そうした一体感が感じられるからですよ。

ⓐ I **think** it's a waste of time.
　(時間のムダだと思うけど)
ⓑ I **love** Mary.(メアリーを愛しています)
ⓒ They **respect** you.(彼らはあなたを尊敬しています)

Check Point 3.　宣言

「約束するよ」「謝ります」、相手に行うこうした「宣言」も現在形ならではの得意領域です。

ⓐ I **promise** I won't be late next time.
　(次は遅刻しないよ、約束する)
ⓑ I **suggest** you add a touch more salt.
　(ちょっとだけ塩を入れたらいいんじゃないかな)
ⓒ I **apologize** for behaving like a jerk last night.

（昨晩はつまらないことしてしまって謝ります）

「約束するよ」「謝ります」――ことばと（約束などの）行為が同時進行する一体感が現在形を選ばせているのです。

Check Point 4. 展開していく状況

目の前で現在刻々と展開している状況、とくに何かを実演・説明している際に使われるのは現在形です。ことばとできごとが同時進行している一体感。

【お料理番組で】
I **chop** the carrot into small cubes like this.
（ニンジンを小さく賽の目に切りまーす、こんな風に）

あまり頻度は高くありませんが、こうした状況ではこれっきゃない、現在形ならではの使い方。ぜひマスターしてくださいね。

☞ 現在進行形と現在形（p.221）

Check Point 5. 現在形のあらわす未来

現在形は未来をあらわすことがあるんです。

ⓐ Tomorrow **is** Thursday.（明日は木曜日）
ⓑ Hurry! The train **leaves** in 10 minutes.
（急げ電車はあと10分ででるよ）
ⓒ My presentation **begins** at 1:30 pm.
（僕のプレゼンは午後1:30開始です）

未来をあらわすとはいっても、現在形のあらわす未来は、典型的にはカレンダー、タイムテーブル、プログラムの予定など、完全に確定した事柄です。そう、現在の事実として考えることのできる確かな未来ということなんですよ。日本語でも「明日は木曜日です」と普通現在の文が使われますよね、こうした場合。

*未来をあらわす他の表現については

☞ 未来は心のなか（p.125） ☞ 進行形のあらわす未来（p.219）

過去形

■基本イメージ

離れている

過去形は、「遠く離れて」が基本イメージ。remote past、distant past（遠く離れた過去）という言い回しがあるように、過去は私たちから遠く離れたものとして理解されています。

ⓐ It **stopped** raining.
ⓑ It **has stopped** raining.

この語感は現在完了形と比べると明らかでしょう。現在完了形ⓑは「ああ。雨がやんだね」と手元で感じる響きがあるのにたいして、過去形ⓐは「(あの時)雨がやんだよね」と、できごとに距離を感じているのです。この「離れている」イメージが過去形のもつさまざまな使い方を生みだしているのです。

Check Point 1.　丁寧表現

過去形のもつ非常に特徴的な使い方がこれ。

ⓐ I **hope** you can advise me.
（アドバイスしてくれるとうれしいんだけど）
→I **hoped** you could advise me.
（アドバイスをしていただけるとうれしいのですが）

過去の助動詞は現在形に比べ、丁寧度がずいぶんアップしていることがわかりますね。揉み手をするような慇懃さが hoped には感じられています。その理由は「離れ」ているから。相手にお願いしたいリクエストから距離をとる言い方になっているからです。I hope と言えば聞き手への圧力は相当なもの。「望んでいます」ですからね。hoped はその生々しいリクエストからぐっと遠ざかる感触がしているんですよ。

ⓑ **Will (Can)** you show me the way?（道教えてくれない？）
→ **Would (Could)** you show me the way?
　（道を教えてくれませんか？）

　有名な would you...? の形も同じです。will you よりも遠ざかった、生々しくない感触。だから「丁寧だ」と感じられるのです。

Check Point 2. 控え目表現

　助動詞の過去形（would、could、might）には、過去をあらわさない使い方があります。

ⓐ This **will** be my 8th trip to Japan.
　（これ、8回目の日本行きだよ）
ⓑ This **would** be my 8th trip to Japan, I think.
　（これ、8回目の日本行きじゃないかなぁと思うんだけど）

　「だろう（推測）」「〜するよ（意志）」の will が、ⓑの would となるとグッと意味が弱まって「〜だろうなぁ」「〜するだろうけど」となっていますね。こうした助動詞を用いた控え目な言い方は、書き言葉・話し言葉を通じて非常に頻度が高く、知っているのと知らないのとでは（とくに大人の会話では）パフォーマンスに大きな開きがでます。

　さて、この使い方にも、過去のもつ距離感が生きていることに気がついていただけましたか？　そう、will のもつ「〜だろう」

「〜するよ」という強い主張から、距離を取って退く意識。それがこの使い方を生みだしているのです。

could、might の例も挙げておきましょう。とっても重要な使い方だからね。ⓒ の現在形と対照してくださいね

ⓒ 【a】Geoff **can** fix it.（ジェフが直せるよ）
　【b】Finding a reliable babysitter **can** be difficult.
　　　（信頼できるベビーシッターを探すのはときとしてむずかしい）
　【c】I **may** have a quick drink with Terry on my way home.
　　　（うちに帰る途中テリーとちょっと一杯やるかもしれないよ）

ⓓ 【a】Geoff **could** fix it.（ジェフが直せるんじゃないかな）
　【b】Finding a reliable babysitter **could** be difficult.
　　　（信頼できるベビーシッターを探すのはむずかしいこともあるんじゃないかなぁ）
　【c】I **might** have a quick drink with Terry on my way home.
　　　（うちに帰る途中、ひょっとするとテリーとちょっと一杯やるかもしれないなぁ）

それぞれの日本語訳を見てください。ほら、ずいぶん弱い感触。それが助動詞の過去形なんですよ。

Check Point 3. 仮定法

おなじみの仮定法にも、実は過去のもつ距離感が密接に関わっています。仮定法とは「可能性がまったくない・著しく低い」ことをあらわす形です。つまりは、現実味のないことをあらわす形。

ⓐ I wish I **had** a Ferrari.（フェラーリもってたらなぁ）【仮定法】

この文で話し手は「（フェラーリを実際にはもってないんだけど）もっていたらなぁ」と言っています。さて、動詞の形に注目してください。この文は「（現在）もっていたらなぁ」と、現在のことについて述べている文。だけど動詞は過去形が使われていますね。

驚くにはあたりません。「現在のことを過去形で述べる」、これが仮定法の基本的な形なのです。

仮定法が過去形を使うのにも「離れている」意識が働いています。仮定法の運ぶ意味は「現実離れ」。「実際はそうじゃないんだけど」の意識。現実から距離を取る意識が過去形を選ばせているというわけなんですよ。さあこれで基本は十分。典型的な仮定法の文に歩を進めましょう。

ⓑ If you marry me, I will be so happy.
（もし結婚してくれたらうれしいだろうな）
ⓒ If you **married** me, I **would** be so happy.
（もし結婚してくれたらうれしいだろうな）【仮定法】

ⓒが仮定法の文。訳は同じですがⓒの文には「現実離れ」の意識が乗っています。「結婚してくれるわけはないだろうけど」というキモチの文なんですよ。この文は次のような感触で作られています。

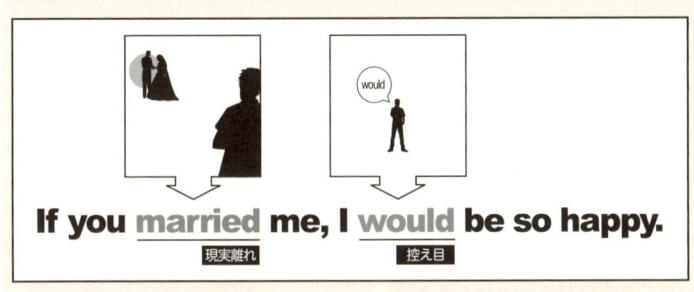

If you married me, I would be so happy.
　　　　現実離れ　　　　　控え目

If のなかは、もちろん現実離れ。遠くに眺める意識の過去形です。それでは would は？ これは先の「控え目表現」の would。この文ではと現実離れした想定をしています。現実離れした事態を想定しているのに、「もしそうなったら、〜だろうね」と力強く will を使うことができるでしょうか？ ははは。そんなことはありませんね。「〜だろうなぁぁぁ」とホンワカ控え目な表現になるのが普通でしょう？ だから would が使われているんですよ。

仮定法はむずかしい形ではありません。可能性の極端に低い想定を、「現実離れ」の過去形で述べる、ただそれだけのこと。機会があったらネイティブが仮定法を使っているときの表情を観察してみてくださいね。顎を上げ、遠くをみるまなざし……。ほら過去形の基本イメージが表情にまででてくるのですよ。

（現在・過去）進行形

■基本イメージ

躍動感あふれる行為のまっただなか

進行形（be ＋ -ing）は、躍動感あふれる情景を描写する形です。現在形の文と比べてみましょう。

ⓐ I **go** to school by bus.
（（普段）学校にバスで行きます）【現在形】
ⓑ I'm **going** to school by bus.
（学校にバスで向かっているところです）【現在進行形】

現在形が現在を広く覆う安定した内容なのにたいして、進行形は「躍動感あふれる行為のまっただなか」というわけ。もちろん比較的短期間のできごとです。この形にはさまざまな学習ポイントがありますが、すべてこの基本イメージに連なっています。

Check Point 1. 進行形にできる・できない

進行形はどんな場合にでも作れるわけではありません。進行形が切り取るのは、躍動感溢れる情景です。躍動感が感じられない

●ときのイメージ●

場合、進行形を作ることは―当然ですが―できません。

ⓐ ［×］ I'm having a pen.（［○］ I have a pen.）
（ペンをもっている）

進行形を「～している」といった日本語訳で理解したつもりになるのはとても危険です。この文はとっても不自然。それはhave（もっている）が動作をあらわさず、単に所有をあらわしているから（☞ **HAVE (p.67)**）。I have a pen. にはまるで躍動感が感じられない、だから進行形が不自然に響くのです。次の例も同じ。see や hear は「見える・聞こえる」。向こうから感覚がやってくる、躍動感が感じられない動詞です（☞ **SEE (p.85), HEAR (p.88)**）。

ⓑ ［×］ Yes. I'm seeing the monkey.（［○］ I can see...）
（うん、そのサル見えるよ）
ⓒ ［×］ I'm hearing the noise.（［○］ I can hear...）
（その音、聞こえています）

やはり進行形は不自然。進行形になる・ならないは躍動感が感じられるかどうか、というわけです。

しばしば、進行形になる・ならないを動詞によって判断しようと試みる文法書を見かけることがあります。覚えてしまった人には、とってもごめんなんだけど、それもまちがい。たとえばhave。have はいつも進行形が作れないわけではありません。

ⓓ I'm having a ball.（楽しんでるよ）
ⓔ I was having dinner with some friends.
（友達と夕食をとっていたんだよ）

have a ball（楽しむ）、have dinner（夕食をとる）――躍動感のある動作が想起されますよね。だから進行形が可能なんですよ。
　進行形になる・ならないの判断は、日本語訳や動詞の種類などではわかりません。だけどむずかしくはないんです。だって何かがイゴイゴ動いている感じがするかどうか――躍動感に注意するだけでいいのですから。

Check Point 2. be動詞の進行形

　進行形は躍動感。それをしっかりつかむと、次のペアの微妙な意味のちがいもわかってきます。

ⓐ John **is** rude.
ⓑ John **is being** rude.

　ⓐの文は、普通の be 動詞文。「ジョンは不作法だ」、ジョンの性質について述べています。それでは ⓑ はどうでしょう。さあ、考えてみてください。こちらは「ジョンは不作法に振る舞っている」。そうした行為をしているという躍動感溢れた文になっています。ネイティブにとって進行形は、いつでも「躍動」だということですね。

ⓒ I **love** it.
ⓓ I'm **loving** it!

　love は感情をあらわす動詞です。感情に包まれる一体感、だから普通は現在形ⓒで使います（進行形にはなりません）。それではⓓはなぜ進行形になっているのでしょう。はは、もちろん躍動しているんですよ。この文からは「これ好きなんだよなー」などと言いながらハンバーガーにかぶりついているシーンが目に浮かんできます。進行形が使われるとき、そこにはいつだって「躍動感」があります。躍動感の基本イメージ、しっかりつかんでおいてくださいね。

I'm loving it!

　マクドナルドのCMに初めてこの文が登場したときには、たくさんのお問い合わせをいただきました。多くの文法書に「進行形にならない動詞」として love が上がっていたからです。進行形の可否は動詞によって決まっているわけではないことを示す好例ですね。

●ときのイメージ●

Check Point 3. 進行形のさまざまな解釈

進行形は「躍動感あふれる行為のまっただなか」。ただそれだけのことですが、文によっては意味の解釈にちょっとだけ注意が必要な場合があります。次に3つの簡単な文を用意しました。情景が正確に想像できますか？

ⓐ Ken **is playing** golf.
ⓑ The car **was stopping**.
ⓒ Tom **was coughing**.

ⓐこれはなんということもありません。「ケンはゴルフをやっている」。ただそんだけ。

ⓑstop は「動 → 静」への移行をあらわす動詞。その「まっただなか」ということは、そう「止まりかけていた」。車はまだ動いています。同じように He is dying. は「死にかけている」ですし、I was finishing my homework. は「宿題を終わりかけていた」となります。

ⓒトムは1回だけゴホンとしたわけではありません。「げほげほげほ」、何度も咳をしたのです。咳は一瞬で終わってしまうできごと。1回だけの咳ならその「まっただなか」に居合わせることはできません。He was nodding/hiccupping. （彼は［何度も］うなづいていた／しゃっくりをしていた）。一瞬で終わってしまう動作と進行形が結びつくとこの繰り返しの意味が常に生まれます。

え？ そんなことわかってた？ むぅ。それはそれは。

Check Point 4. 進行形のあらわす未来

進行形は、未来をあらわすことがしばしばあります。次の文を比べてみましょう。

ⓐ I'm going to the dentist (now).
ⓑ I'm going to the dentist at 5pm on Tuesday.

ⓐの現在進行形、意味はもちろん「(現在)歯医者に行くところ」、さてこの文がⓑ未来の時点について使われると、どのような意味になるのでしょうか。「火曜日の5時の時点では〜している」。未来の時点で「〜しているよ」、これはとりもなおさず「計画」をあらわしています。「3時にはゴルフしているよ」「5時にはミーティングに出ているよ」……、ネイティブの手帳にはよく進行形で予定が書いてあります。機会があったら見てくださいね。

*未来をあらわす他の表現については
☞ **未来は心のなか（p.125）**
☞ **現在形のあらわす未来（p.211）**

Check Point 5.　してばっかりで（いやだ）

「イキイキとした躍動感」もそれがいつもいつも繰り返されることを考えると、少々ウンザリしてきますね。「(いつも)〜してばっかり」。日本語にもある語感。同じ使い方が英語の進行形にもあるんですよ。always がしばしばともないます。

She's **always biting** her nails. （いつも爪を噛んでばかりいる）

進行形。さまざまな使い方、繊細な意味内容。これらすべてはやはり基本イメージの延長線上にあるのです。「用法」として個別に覚えることなどありません。基本イメージの図をしっかりと頭に刻みつければそれでおしまい。すぐに使えるようになりますよ。

●ときのイメージ●

COLUMN

■現在進行形と現在形

　最後にマニアなあなたのために、とっても繊細な語感の話をしましょう。現在進行形と現在形（☞**宣言・展開していく状況(p.210)**）の話です。とっても上級者な内容。英語初心者の方は読まずに飛ばしてしまってかまいません。理屈っぽいから。

　現在進行形と現在形はどちらも現在起こっているできごとをあらわす形。ですがそのフィールは大きく異なっています。まずは「展開していく状況」の現在形を進行形と比べてみましょう。

ⓐ I **chop** the carrot into small cubes like this.
　（ニンジンを小さく賽の目に切りまーす、こんな風に）【現在形】
ⓑ I am **chopping** the carrot into small cubes.
　（ニンジンを小さく賽の目に切っています）【現在進行形】

　上のⓐ–ⓑのうち、ⓑの進行形の方が圧倒的にノーマルな表現。まったく平板な普通の何の特別なニュアンスも宿っていない「ニンジンを切っています」。単なる情景描写です。一方現在形は、非常に限られた場面でしか使うことができません。一体感――自分と共に刻々と状況が展開していく感触の、ドラマチックな形なのです。

ⓒ A: Oh, I've no idea how to set the timer on this video!
　B: Look. First you **push** this button and you **select** the channel number. Then you **press** this button and you **enter** the starting time... Piece of cake!
　（A: うーん、どうやってこのビデオのタイマーをセットするのかわからないよ！　B: いい。まずこのボタン押してチャンネル番号を選ぶ、それからこのボタンを押して開始時刻を入れる……、ほらとってもかんたん！）

ⓓ Here **comes** the bride!（花嫁が来るよ！）

　もう情景が浮かんできましたね。ⓒ相手の前でタイマーセット

を実演しながら説明しているのが、ⓓ今目の前に花嫁が入場してくるのが、見える。刻々と展開する状況との一体感――これが現在形のもつフィールなのです。ちなみに The bride is coming here. は「花嫁が来るところです」という平凡で客観的な描写。その差は明らかです。

現在進行形の客観的な描写、現在形の強烈な一体感。この質感のちがいは「宣言」でもあきらかです。

ⓔ A: Look, **I apologize**. I know I screwed up.
B: Is that it?
A: Hey, **I'm apologizing**. That's already a big step for me.
（A：ごめん。謝るよ。失敗したのはよくわかってる。　B：それで全部かい？　A：おい、僕は謝っているんだぜ。僕にとってはたいへんなことなんだよ）

最初の現在形は「謝るよ」、謝罪という宣言。ことばと行動が一体となっています。ところが進行形はどうでしょう。「僕は謝罪をしているんだよ」と、一歩退いて客観的に「～しています」と述べているのです。単なる情景描写なんですよ。万がいちこんな使い分けができたとしたら、それはもう外国人の英語ではありません。ネイティブそのものの語感です。だけどもうむずかしくはありませんね！

●ときのイメージ●

現在完了形

■基本イメージ
グッと
迫ってくる

　現在完了形（have ＋ 過去分詞）の基本イメージは「グッと迫ってくる」。日本語訳は過去形と同じになってしまうことも多いのですが、そのフィールはまるでちがいます。現在完了はダイナミックなイメージをもつ形。「手元で」感じる形なのです。

　この単純なイメージには、それが生かされる典型的な状況があります。次の状況は典型的に現在完了が使われる状況です。

Check Point 1.　間近に起こったできごと

　現在完了形が使われる典型的な状況、まずは「間近に起こったできごと」です。過去形とのちがいをもう一度復習しましょう。

ⓐ It **has** (just) **stopped** raining.
ⓑ It **stopped** raining.

　ⓑは「離れた」過去形。「(あのとき) 雨はやんだよね」、できごとが遠くに感じられています。それに対して、現在完了形はできごとが間近に起こっています。窓の外にふと目をやって「あ。雨やんだ」。ずいぶんフィールは異なります。

　間近に起こったできごとに現在完了が使われるのは、もちろん

「グッと迫ってくる」から。自分の「手元」にできごとを感じるからですよ。この使い方では「たった今」を強調するため just がしばしば加えられますが、なくてもだいじょうぶ。現在完了形だけでも十分「手元感」は伝わります。

☞ **JUST (p.240)**

Check Point 2.　経験

　現在完了形の独壇場がこの「経験（〜したことがある）」。経験とは過去のできごとを現在のモノとして取り込んでいるということ。過去が現在にグッと迫ってくる現在完了形のイメージにピッタリの使い方です。

ⓐ I**'ve enjoyed** many fascinating adventures.
　（【人生で】数多くの素晴らしい冒険をしたことがある）
ⓑ I **enjoyed** many fascinating adventures.
　（【この旅行では】数多くの素晴らしい冒険をしたよ）

　ⓑは単に「〜しました」、過去のできごとです。ⓐの今に引きつける感触とは、まるでちがいますね。

☞ **EVER (p.242)**

Check Point 3.　状況の継続

　「以前から今までずっと続いている」、そうした状況をあらわすのも現在完了形の得意とするところです。

ⓐ I**'ve coached** the team for 7 years.
　（そのチームを 7 年間コーチしている）
ⓑ I **coached** the team for 7 years.
　（そのチームを 7 年間コーチした）

ⓑの過去形からは「いまはコーチはしていないけど」が聞こえてきます。もう終わってしまった遠い情景。一方、現在完了形では、できごとが過去から現在に向かってグッと手元に迫ってきます。「ずっとコーチをしている」、ほら随分ちがうフィールですね。大切なのは視点が手元に移動してくる感触。次の文、事態がずっと継続しているわけではないけど現在完了形が使われています。10年間という、過去から現在に至る道のりを視点が動いているからですよ。

ⓒ 10 years **have passed** since Dad died.
（父が死んで10年になる）

Check Point 4. 過去のできごとの現在における結果を述べる

　はは。ごめんなさい。どんな使い方かサッパリわかりませんね。いくつか例をあげましょう。

Situation 1.

　お兄さんが家に帰ってきたとき弟が……。

Dan: Hi Mark. By the way, Mom is cleaning your room.
Mark: Oh, no!
Dan: Ha! Ha! Don't worry. **I've hidden your magazines!**
Mark: Phew! Thanks, Dan. I owe you one.
（D: おかえり、マーク。ところでお母さん、兄ちゃんの部屋掃除しているよ。 M: げ。まずい！ D: ははは！ だいじょうぶだよ。（へんな）雑誌片付けておいたから！ M: ふぅ！ ありがとダン。1つ借りとくよ。）

Situation 2.

　お母さんが兄妹に注意しています。

Mom: **The baby has fallen asleep** so don't make any noise. Do you hear?
Kids: OK, Mom.
Kid 1: Hey - that's mine. Give it back!（A fight begins…）

Baby: Aaaaahhh
Kids: Oh, no!
(M: 赤ちゃん寝たから音立てちゃだめよ。聞いてる？　子供たち：わかったよ、母さん　K1: おい、それオレんだろ。返せよ！（喧嘩が始まりました）　赤ちゃん：あああああああああーーっ　子供たち：げっ！）

　この2つの現在完了形の文は、単に「そうしました」という過去形とはずいぶんニュアンスが異なります。Situation 1 の現在完了形は「今」について述べた発言です。「隠した（から今はもう見つからないよ）」、だから Don't worry. と滑らかにつながっています。「隠しました」とただ単に過去の行動について述べているわけではないのです。Situation 2 の発言も焦点は現在の状況にあります。「今赤ちゃんは寝てるのよ」、so don't make any noise とつながっていますね。どちらの状況も、単に過去のできごと——「隠した」「寝ました」——について述べているわけではありません。そのできごとが現在の状況にグッと迫ってくる感触で使われている。だからこそ、現在完了形が使われているんですよ。

Check Point 5.　いくらだってあるさ・だけどイメージでだいじょうぶ

　さて現在完了形の典型的な使い方、いかがでしたか。「グッと迫ってくる」に注意しながら何度か読めば十分にその感触がつかめるはずです。ただ避けていただきたいのは、こうした典型例だけをバラバラに頭にいれてしまうことです。従来の学校英文法では Check Point 1〜4 はそれぞれ「完了・経験・継続・結果の用法」と呼ばれてきました。「グッと迫ってくる」という基本をつかまずにこれら用法だけを覚えても現在完了形は征服できません。現在完了形が使われるのはこうした典型的なケースに限られないからです。どの使い方にも当てはまらない例など、山ほどあるのですよ。

●ときのイメージ●

Situation

サッカーをやっていて窓ガラスを割ってしまった子供に母親が……。

ⓐ I **told** you not to play football here!
ⓑ **I've told** you not to play football here!
（ここでサッカーやっちゃダメって言ったでしょ）

ⓐの文は「言ったわよね」。Do you remember? と過去のできごとに焦点が合った言い方。一方ⓑの現在完了形は「言っておいたのに（自分のしたことを）見てご覧なさい」。And now look what's happened? ってことです。「完了」でも「経験」でも「結果」でも、もちろん「継続」でもない。「過去に言った」ということを現在に引きつけて話しているだけ。視点が手元に動く、だから現在完了という形が選ばれているのです。

典型的な使い方だけを個別に習熟しても、現在完了形の本当の姿は見えてきません。まずはイメージをしっかりと頭に入れること。そこから始めることです。イメージから外れる現在完了形はないのですし、なによりもそれがネイティブの現在完了だからです。

COLUMN

■ 完了形バリエーション──イメージの組み合わせ

英語には、他にもさまざまなとき表現があります。でもね、もうここから先は詳しく説明する必要もないかもしれません。残りのとき表現、すべてをみなさんはすでに「ご存じ」だからですよ。

これまで学んだ以外のとき表現、有名どころは「過去完了」「未来完了」「現在完了進行形」などがあります。だけどね、これらはすべて、これまで学んだ基本的なとき表現のイメージを組み合わせたにすぎません。まずは「過去完了」にレッツゴーだ。

■過去完了形：過去の時点＋「そのときまで」の意識

過去完了は「had + 過去分詞」。過去形イメージと完了形イメージのコンビネーション。現在完了形が現在に向かって「迫ってくる」のに対し、過去のある時点に向かう「→」が意識されています。自分と離れたある過去の時点「まで」にできごとが起こっている、ということですよ。

ⓐ The match **had** already **started** when we arrived at the stadium.
（スタジアムに着いたとき、すでに試合は始まってしまっていた）
ⓑ The fire **had** already **spread** throughout the building when the fire engines arrived.
（消防車が到着したとき、火はすでにビル中に燃え広がっていた）

話し手の頭には、「スタジアムについた」「消防車が到着した」過去の時点がまず浮かんでいます。そこに意識の中心があるのです。「試合が始まった」「火が燃え広がった」のはその時「まで」に起こったできごと。だから過去完了形で示されています。

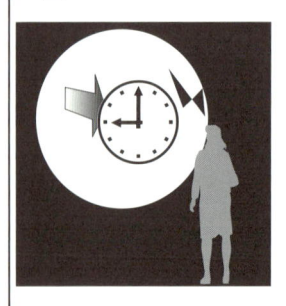

■未来完了形：予測（〜だろう）＋「そのときまで」の意識

未来完了と呼ばれている形は、「助動詞 will（だろう）＋完了形」。2つのイメージのコンビネーションです。ある時点を想像して「までに起こっているだろう」。

ⓐ I'**ll have put** the kids to bed by 9.
（9時までに子供たちを寝かしておくわ）

9時の時点に話し手は注目していますね。その時点「まで」に「子供たちを寝かしつけているだろう」と想像しているだけのこと。

●ときのイメージ●

この形は、予測の will（だろう）が完了と組み合わさっただけの形です。will が未来のできごと専門というわけではない、ただ「だろう」と予測する助動詞だということを思い出しましょう（☞ WILL (p.115)）。「未来」完了だって同じこと。現在のことにだって使うことができます。

ⓑ They **will have reached** the border by now.
（今頃はロンドンに到着しているだろうなぁ）

「未来完了」なんて文法用語は気にしない。ただ will と完了のイメージを組み合わせるだけ。簡単だよ。

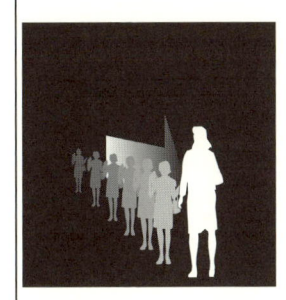

■現在完了進行形：現在まで「ずーーーーっと」続いている

進行形の「イキイキと躍動」と完了形の組み合わせ。「イキイキと躍動的な状況が現在にグッと迫ってくる」イメージ。当然ね。

I've been working at the computer all morning, so I'm really tired.
（午前中ずっとパソコンで仕事していたから、ぐったり疲れたよ。）

working、working、working… と躍動的な状況が現在まで続いています。「ああ、疲れた」「もううんざり」、そんな感情と色濃く結びついた表現です。

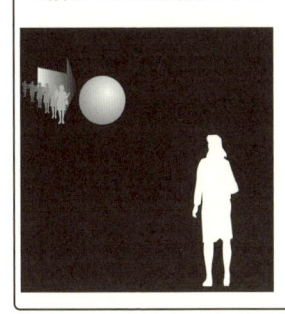

■過去完了進行形

単に組み合わせればいい。もう十分理解できましたね？ いくらだって組み合わせればいいんだよ。一例をあげましょう。過去完了進行形。

I had been teaching all day, so I

just wanted to crash.

(一日中ずっと教えていたから、ただただ眠りたかったんだよ)

　こんなのもう説明なんかしませんよ。だりーから。

■

　ふうおつかれさま。だけどこれでもうみなさんはとき表現、自由に・何でも使いこなせるんですよ。あーすてき。

Chapter 7
重要な
その他の表現
Miscellaneous valuable images

ここでは今までの章で扱うことができなかった、しかし同様に重要な表現を集めました。バラエティあふれるイメージたちをお楽しみください。

●重要なその他の表現●

強調表現

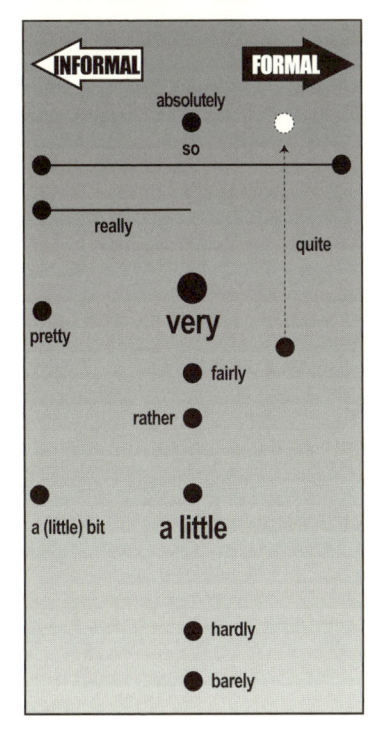

```
     ◀INFORMAL          FORMAL▶
              absolutely
                  ●         ○
                    so
         ●───────────────●
              really
         ●──────────
                            quite
                              ●
       ●        very
     pretty
                    ● fairly
              ● rather
       ●         ●
     a (little) bit  a little

                    ● hardly
                    ● barely
```

「すごく」「たいへん」などの強調語句。英語にはさまざまなものがありますが、ニュアンスをとるのがむずかしいものを中心に解説します。

強調仲間のなかでもっとも有名なのは very でしょう。そこからの「距離」でそれぞれの強さを測ってくださいね。informal は「ぶっちゃけた」「気の置けない」言い回し。逆に formal は「正式な」、「あらたまった」感じ。そうした尺度です。ただし、この表は「普通に読まれた場合の強さ」を示しています。大きな抑揚・表情の作り方で、この種の単語の強さはいかようにも変わります。ご注意くださいね。

■very（とても・非常に）

もっとも標準的な強調表現。これといって特殊な臭いはありません。

■absolutely（完全に）

もっとも強度の高い単語。「一点の曇りもなく」という感覚。
We're all absolutely delighted.
（私たちはみなこの上なく喜んだ）

■so（とても・非常に）

so は感情の乗る単語です。very を上回る強さ。伸ばして読むとさらに強烈（She is sooooo cute!（彼女、ものすごーくかわいいんだよ））。この単語は気軽でぶっちゃけた単語。だけどね、命令や指示を出すときなど、深刻さやカタさを表現するときにも使われます。

It's **so** vital the emergency supplies get through.
（緊急用物資が届くことが極めて重要です）。

■really（本当に）

Now you've made him **really** angry.
（彼のことホントに怒らせちゃったね）

この単語に「カタさ」はありません。気軽に使ってね。

■pretty（かなり）

くだけた言い方専門。よく使われますよ。
Her sketches are **pretty** good.
（彼女のスケッチ、すごくいいぞ）

■fairly（かなり）

大したレベルではありません。a little よりは上ですが very よりはかなり落ちます。
She plays the piano **fairly** well, but she needs to practice more.
（彼女のピアノはかなりいいが、もっと練習する必要がある）

■rather（かなり）

「思っているよりもかなり」というニュアンスが感じられます。頻度はそれほど高くありません。

ⓐ It's all **rather** embarrassing, actually.
　（実際かなり恥ずかしかったよ）
ⓑ That was **rather** clever of you.（かなり賢かったね）

●重要なその他の表現●

■quite（かなり）

読み方・顔の表情などでこれほど強度が変わる単語はあまりありません。

ⓐ Look at this tapestry. It's **QUI**te ex**QUI**site!
（このタペストリー見てごらん。実に見事だよ）
ⓑ Helen is **quite** good at cooking.（かなり料理は得意だよ）

ⓐのように強く読むと非常に強い強調が与えられますが、ⓑのように普通に読まれると fairly に近いところまで強調の度合いが下がってしまいます。

■a little・a (little) bit（少し）

a (little) bit の方がより口語的。「ちょびっと」って感じ。
He's always **a little (bit)** tense before going on stage.
（彼はいつもステージにのぼる前少し緊張する）

■hardly・barely（ほとんど〜ない）

どちらも同じ日本語訳ですが、barely の方が「ない」感は強く感じられます。動詞を修飾することもできますよ。
Her voice was **hardly/barely** audible.
（彼女の声はほとんど聞き取れなかった）

bare は元々「裸（何もつけてない）」という意味の単語。barely は「ない」同然のかすか（faintest、slightest）な感じ、ということです。みなさんの右手人差し指をゆっくり机に向かって下ろしてみてください。ゆっくりゆっくり。「机が感じられるけどタッチしているとは言い難い」微妙な点があるでしょう？　そう、それが barely の感覚です。

頻度表現

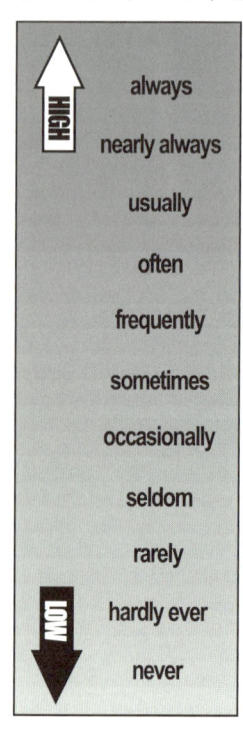

```
HIGH ↑
  always
  nearly always
  usually
  often
  frequently
  sometimes
  occasionally
  seldom
  rarely
  hardly ever
  never
LOW ↓
```

さて次は頻度表現。この種の表現は山ほどありますから、日本語訳は必ずしも有効な手段とは言えません。左の「頻度スケール」で感触をつかんでくださいね。むずかしいものだけを解説しておきましょう。

■always（いつも）

■nearly always（ほとんどいつも）

■usually（普段）

ほぼ同じ意味の口語表現として more often than not も押さえておきましょう。

■often（しばしば）

■frequently（頻繁に）

■sometimes（ときどき）・occasionally（ときおり）

sometimes と occasionally は近い頻度。だけど感触がちがいます。sometimes は「と・・き・・ど・・き・・」と一定のリズムをもっていますが、occasionally は「と・き・・・た・・・・・ま」です。ポイントは NOT REGULARLY（定期的ではない）にあるんですよ。occasion は「機会」ということ。誕生日、結婚記念日などの「機会があるとき」、という語感があるのです。だからリズミカルではなく、ポツッ……ポツッ……という感覚になるというわけ。この語感に非常に近いものに (every) now and then、from time to time があります。

■seldom・rarely（滅多に〜ない）hardly ever（ほとんど〜しない）

　seldom、rarely、hardly ever はほぼ同じ頻度をあらわします。seldom は、口語表現としては退場しかかっており、古くさく堅苦しい表現。会話で使うなら hardly ever が普通です。rarely にもそれほどの頻度はありません。ただね、「珍しい」という意味が「滅多に〜ない」にかぶるような場合には好んで使われます。

Such precious objects are **rarely** found.
(そんな貴重なものは滅多に見つからないよ)。

　この文には、「珍しい」という意味がオーバーラップしていますよね。こーゆーときは rarely の独壇上。

■never（決して〜ない）

可能性表現

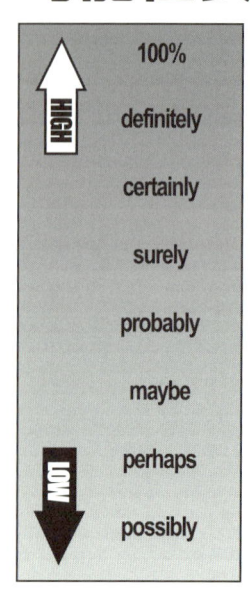

```
↑       100%
HIGH    definitely
        certainly
        surely
        probably
        maybe
        perhaps
LOW     possibly
↓
```

ここでは「可能性」をあらわす語句を集めてみました。それぞれの単語のもつ「顔」を見きわめてくださいね。

■100%（百パーセントだぜっ）

文字帳り 100%ということ。
Are you confident you'll win? —Yes, **100%**.
（勝つ自信ある？ ——うん、100%）

他の可能性表現とコンビで使うこともできます。
I'm **100% sure (certain)** about it.
（100%確信しているよ）

■definitely（絶対）

完全に疑念がないときに使ってくださいね。
I'll **defintely** give you a call after I get back, OK?
（戻ったら必ず電話するよ。いい？）

■certainly（確かに）

強い揺るぎのない信念です。I know ということ。
He is **certainly** capable of doing the job.
（彼は確実にその仕事をすることができますよ）

彼の評判を聞いたのかもしれません。彼の仕事を目の当たりにしたのかもしれません。経験や事実に基づいている感触。

■surely（きっと）

日本語訳は certainly と似たようなものですが、受ける感触はちがいます。この単語も「信じている」ということなのですが、certainly ほどの強さは必ずしもありません。この単語の中心は

●重要なその他の表現●

「自分はそう信じているよ」という気持ちです。主観といってもいいでしょう。「君が『そうじゃないよ』といったら驚いちゃうよ。そうにちがいないんだよ」ってこと。

There is **surely** a simple explanation to all this.
(全部を説明できる簡単な説明がきっとあるはずなんだ)

■probably (たぶん)

「たぶん」と訳される単語の中でもっとも日本語の「たぶん」に近い単語。だいたい80％ぐらいの確かさです。

Don't worry. She probably just missed the train.
(だいじょうぶ。たぶん電車に乗り遅れただけだから)

■maybe (たぶん)

助動詞 may の本当の意味合いがわかれば、この確率がいかに低いかがわかるはず。50％ぐらいでしょうか。

Maybe John will give us a hand.
(たぶんジョンが手伝ってくれるよ)

☞ MAY (p.109)

■perhaps (おそらく)

maybe と強さのちがいはありません。perhaps の方がフォーマルな雰囲気がある、というだけのちがい。

ⓐ So, will you help us? —**Maybe**.
   (で、手伝ってくれるの？ ——たぶんね)
ⓑ **Perhaps** the mayor will attend the meeting.
   (市長はおそらく会議に参加されます)

■possibly (おそらく)

possible は「可能」。ここから、この単語がそれほど高い可能性を示しているわけではないことがわかりますよね。そうした「可能性がある」ということ。

ⓐ This is **possibly** the best book he's ever written.
   (彼がこれまで書いたなかでもっともよい本かもしれない)

ⓑ Your car will be ready by 7pm, **possibly** a little earlier.
（君の車は 7 時までに用意ができています。もしかするとちょっと早いかも）

この単語は「可能性がある」という中立的な意味合い。だからそれを他の語句を使って強めることもできます。

ⓒ Was he cheating on her? — **Quite possibly**.
（彼、浮気してたの？　——かなり可能性は高いな）

副詞 JUST ［ちょうど・たった・ばかり・まさに］

■基本イメージ

ピタッ

　ピタッ。それが just のイメージ。楽勝だよ。

You're **just** like your father.
（君はおとうさんそっくりだね）

ピタッはいろんなところで活躍しますよ。これから説明する言い回し、全部覚えてくださいね。毎日使えます。

Check Point 1. ときのピタッ

まずは「ときのピタッ」。自分の身近にできごとが起こっている感触の例です。

ⓐ Wait a minute. I'm **just** hanging out the washing.
（ちょっと待ってて。今洗濯物干してるところだから）
ⓑ Ian **just** called.
（イアンたった今電話かけてきたよ）

もちろん「現在ただいま」でなくても、ピタッ感さえあればだいじょうぶ。

ⓒ Vicky? Yeah, I met her just last week.
（ビッキー？　先週会ったばかりだよ）

現在完了形と結びついて「たった今」を強調することも多々あります。

ⓓ The party has just begun.（パーティは始まったばかりだよ）

Check Point 2. いろんなピタッ

ピタッはとき以外にもいろいろあります。まぁ解説はいらないでしょうね。全部ピタッです。

ⓐ That's just enough sugar.（砂糖の加減ピッタリ）
ⓑ That's just what I need.（まさに私が欲しかったものです）

次は「まさにピッタリ。この表現以外考えられないだろ」という強調になっている例。

ⓒ I just love him.
　（彼のことホントに愛してるわ）
ⓓ She is just beautiful.
　（彼女ホントにきれいだ）

Check Point 3. 「〜だけ・たった」

ピタッは only と似通った意味も生み出します。

ⓐ This astonishing wordbook sells at just 1000 yen.
　（この驚くべき単語集がたった1000円）

「もう少し高くても不思議はないけど1000円ちょうど」。ここから「たった・〜だけ」となるというわけ。何度か読んでごらん、すぐ慣れるから。

ⓑ Don't be a baby — it's just a scratch.
（赤ちゃんみたいなこと言うなよ。ただの擦り傷だよ）
ⓒ Just call me Ken.（ケンと呼んでくれればいいよ）

この使い方ができると、次のようなうまいことが言えるようになります。
ⓓ Can I **just** use your cell phone to make a quick call?

「たいしたことじゃないよ。君の携帯ちょびっと使うだけさ。いーい？」ってこと。すぐに使えそうなテクニックですね。

副詞 EVER [これまで、など]

■基本イメージ

任意の時点

「これまでに」と訳されることの多い ever ですが、それではいつまでたっても上手に使うことはできません。ever は「いつのことでもいいんだけど（at any time）」と、任意の時点をあらわす単語なのです。

Have you **ever** been to France?
（フランスに行ったことがありますか？）

「いつだっていいんだけれど（どの時点のことでもいいんだけど）、フランス行ったことってある？」。ever が、特定のできごとではなく経験を問う現在完了の文にしばしばでてくる理由がわかりますね。

Check Point 1.　いつだっていい

ever のいつだっていいがしっかり身につけば、次の文の奇妙さがすぐにわかるはず。
ⓐ [×] I've **ever** been to France.（[○] I've been...）

「これまでに」と ever を日本語訳で覚えると作ってしまいがち

の文ですが、目をひくミステイクです。「いつだっていいんだけど、私はフランスに行ったことがある」……、わけがわかりません。「ever は（現在完了の）平叙文では使われない」——よく言われるウンチクにはこうした理由があるんですよ。はは。覚える必要はありません。単に意味がおかしくなるから使えない。それだけのこと。

ⓑ If you are **ever** in Barcelona, give me a call.
（バルセロナに来ることがあったら電話くれよ）
ⓒ Nobody **ever** writes to me.
（誰もまったく私に手紙くれない）
ⓓ I hardly **ever** go to the movies.
（ほとんど映画にはいかない）

everを使った典型的な文。ever の「いつだって」がわかるとキモチが伝わってきます。ⓑ If you are in Barcelona よりも「いつでもいいんだよ」という感触がグッと強まっています。

ⓒ誰も「いつだって」手紙くれない、ⓓ「ほとんどいつだって〜しない」、ほら、もうわかってきた。

☞ ANY (p.35)

Check Point 2.　ever の感触と強調

ever は、左のイラストの感触と共に（理解してください）。この単語は相手に向かって「いつだっていいんだよ」「開く」感触なのです。ever が使われるケースにはすべてこの手を広げる感触がつきまとっています。**whatever**（何でも）、**whenever**（いつでも）、**however**（どんなに〜しても）など、必ずしも「とき」に限られない強調をeverが与えることができるのも、この「開く」感触とつながっているからなのです。

ⓐ **Whatever** you do, don't panic!
（何をやるにしても、パニックになるな！）

それがわかると次の文の感触も理解できるはず。

ⓑ I'm **ever** so sorry.
（ほんとーーーーーーにごめん）

平謝り、ってことですね。everのもつ手を広げる感触が全面的謝罪につながっているってことなんですよ。

Check Point 3. 最高度に強い命令文

私は以前、クリスに Don't you **ever** say that again.（二度とそのことゆーな）と言ってビックリされたことがあります。この文は

ⓐ **Never** say that again!（二度と言うな！）

よりも強く響く—ほとんど怒鳴り飛ばしているような質感をもった一命令文だからです。仲良しひろと君からこんな口調で言われたら、そりゃクリスも驚きます。だけど不思議でしょう？ not と ever は never なのに……。ははは。その理由はね、「2箇所あるから」。発音を比べてみましょう。

ⓑ NÉVER say that again!
ⓒ DÓN'T you ÉVER say that again!

実際に声に出して呼んでみましょう。ほら、2箇所強く発音できる方が遙かに「ガツン」と強い気持ちが乗るってことなんですよ。ごめんね、クリス。英語の教師もたまにはまちがえるのさ。はは。

●重要なその他の表現●

副詞 EVEN [さえ]

■基本イメージ

線引き

「こんなにも」「こんなにも少ししか、ないんだぞ」。と線引きをするのが、この even。極端な線を引いて相手にショックを与えることもしばしば。

ⓐ He can't **even** tie his own shoe laces.
　（アイツ、自分の靴紐だって結べないんだぜ）
ⓑ **Even** Chris can do it.
　（クリスだってできるよ）

Check Point 1.　even so：たとえそうであっても

even so というセットフレーズ。そこにもやはり線引きが感じられています。

The dog seems friendly enough. **Even so**, I don't really want to stroke it.
（その犬、なついてるように見えるけどさ、だけどあんまり撫でたくないな）

　そう、「ここまでは認めるよ...（だけど）」という線引きなんですよ。
☞「かんけーねーよ」の if (p.199)

副詞 ALREADY [すでに・もう]

■基本イメージ
完了

　alreadyのイメージは「完了」。できごとが「すでに」完了していることをあらわします。

ⓐ I've **already** paid the bill.
（もう勘定はしたよ）

　えーん。解説が「もう」終わっちまった。つまらん。……しかたないから、最近よく使われるフレーズをどーぞ。

ⓑ All right, **already**. （わかったわかった＝やめて）
ⓒ Enough, **already**. （もう十分だよ＝やめて）

　くどくどくどくど相手がわかりきったことを説明しています。「わかってるよ（だからもうやめて）」と遮る表現、それが All right, already。Enough, already も同種の表現。どちらも、「すでに一杯一杯」ってこと、だからこれ以上「やめて」ってことですね。

副詞 YET [もう・まだ・さらに・けれども]

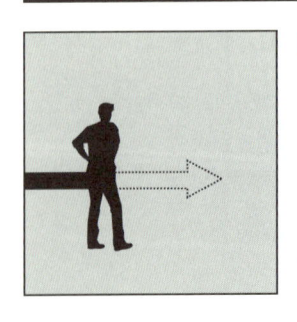

■基本イメージ
未完

　yet のイメージは「未完」。できごとがまだ終わって・完了しておらず、後に続く感触です。この単純なイメージが、yet のバラエティ豊かな使い方を

●重要なその他の表現●

支えています。

Is lunch ready **yet**? —No, not **yet**.
(もう昼食の準備できた？ ——いや、まだだよ)

　どちらの yet にも「未完」が生きています。最初の文は、「朝食の準備はできましたか」に「まだなの？」が添えられています。そこから「待ちきれないよ」「おいおい、お腹すいてんだけど」など、さまざまな感情が乗っているのです。not yet は「not ready（準備できてないよ）まだだよ」。

Check Point 1. 接続詞だって未完

yet は接続詞としても使います。

ⓐ He's thin **yet** surprisingly strong.
（彼は痩せてるけど、すごく強いんだよ）
ⓑ She's young **yet** surprisingly wise.
（彼女はまだ若いけど、驚くほど老成してるんだ）

ここにも「未完」が生きていることがわかりますか？　「痩せてるよ。だけど That's not the end of the story.（それでおしまいってわけじゃない）強いんだよ」ってこと。基本イメージはどの使い方にも通底しているんですよ。ほら、次の文の感触とまるで同じでしょう？

ⓒ Hey, be patient. She may **yet** change her mind.
（おい、辛抱強くな。彼女まだキモチが変わるかもしれないぜ）

まだまだ終わったわけじゃないってことさ。

副詞 NOT [〜ない]

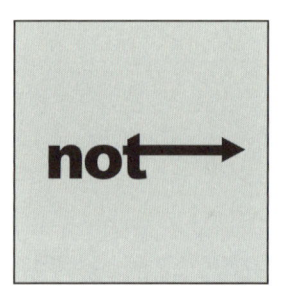

■基本イメージ
否定

ははは。ごめん。not に特別なイメージはありません。単に「否定（〜ではない）」。

I don't like jazz.
（私はジャズが嫌いです）

Check Point 1.　どこにでもつく

not は動詞の前におき文全体を否定するだけではありません。

ⓐ **Not** me.（僕じゃないよ）
ⓑ I told you to come on Friday, **not** Saturday.
（金曜日に来るように言ったんだよ。土曜日じゃないさ）
ⓒ I love her **not** because of her beauty but because of her personality.
（彼女がきれいだから愛してるわけじゃない。性格がいいんだよ）
ⓓ Remember, you are **not** indispensable.
（君は取り替えがきかないというわけじゃない）

not は自由にさまざまな要素の前に置き否定することができます。not の前にすら置くことができるんですよ。

ⓔ We **can't** not love someone.
（誰かを愛さないなんてできない）

気軽にポンポン置いていけばいいってこと。

Check Point 2.　not は後ろを否定する

次の文を比べてみましょう。

●重要なその他の表現●

not ⟶

ⓐ I do**n't** really like your new boyfriend.
ⓐ´ I really do**n't** like your new boyfriend.

　この 2 つは意味があきらかにちがいます。ⓐは「それほど好きじゃない」、一方ⓐ´は「本当に好きじゃない（大嫌い）」。そのちがいはね、not が really を否定しているかどうかにあります。

ⓐ I do**n't** **really like your new boyfriend**. (not は really like your new boyfriend を否定)

ⓐ´ I really do**n't** **like your new boyfriend**. (not は like your new boyfriend を否定)

　ⓐは really like your new boyfriend（本当に好き）を否定しているから「本当に好きなわけじゃない＝それほど好きじゃない」。ⓐ´は本当に「好きじゃない」。not は常に「後ろを否定」する、not を上手に使うためにはどうしても頭に入れておかねばなりません。

ⓑ She did**n't** **just accept she was wrong**.
（彼女は自分が悪かったと認めただけじゃなかった）

ⓑ´ She just did**n't** **accept she was wrong**.
（全然自分が悪かったと認めなかったんだ）

　先ほどの例とまったく同じ。後続を否定する not はⓑでは just accept she was wrong（ただ認めた）を否定しています。「ただ認めただけじゃな」く、その後親切にしてくれたり、賠償金をくれたりしたんです。一方ⓑ´は、まさに「認めなかった」ってことになりますね。

☞ JUST (p.240)

Check Point 3. 部分否定

従来文法用語で「部分否定」と呼ばれてきたのは Check Point 2. の ⓐタイプの文。特別な形じゃありません。「強い」単語が not によって否定されているだけのパターン。

ⓐ The poor are **not always** unhappy.
（貧乏人はいつも不幸せとは限らない）
ⓑ I do**n't necessarily** agree.
（必ずしも同意というわけじゃない）
ⓒ **Not all** university students are lazy!
（大学生全員が怠け者というわけじゃない）

always（常に）、necessarily（必ず）、all（全部）という強い単語が not によって否定されて「いつも・必ずしも・全部～というわけじゃない」となっていますね。

文法用語なんでどーでもいーんだよ。「not が後ろを否定する」ということだけが重要。とっても重要。

Check Point 4. not は勘定に入れない

英語のクセです。英語では「受け答えで not を勘定に入れない」というクセがあるのです。たとえば、否定を含んだ疑問文。次の表を見てみましょう。

Don't you like English?（英語好きじゃないの？）	Yes, I do.（好きだよ）
	No, I don't.（好きじゃないよ）
Do you like English?（英語好きなの？）	Yes, I do.（好きだよ）
	No, I don't.（好きじゃないよ）

英語では疑問に not が入っていようがそうでなかろうが、受け答えは同じだということです（日本語では「好きじゃないの？」──「いえ、好きですよ」・「はい、好きではありません」と、はい／いいえ が逆転してしまいますよね？）。つまり not は勘定に

入れないってこと。あーなんて簡単なことばだろー。

「not を勘定に入れない」。否定の疑問文だけではありません。それは一般的な英語のクセなのです。

ⓐ A: She left you? You're **not** going to do anything stupid, are you?
B: Of course **not**.
(A: ふられたんだって？ バカなことするつもりじゃないだろね。 B: もちろんだよ)

ⓑ A: I do**n't** feel like going out tonight.
B: Why **not**?
(A: 今晩は外出したくないんだ。 B: なんで？)

ⓒ A: He is**n't** going to dump you.
B: I hope **not**.
(A: 彼あなたを捨てたりしないわ。 B: そう願いたいわね)

日本語ではどのケースも「ない」を省略することができます。「もちろん」と言っただけで「もちろん運転はしない」。だけど英語は not を勘定に入れません——ということはね、そうじゃないなら受け答えでも not を付け加えなくちゃいけないってことなんですよ。Of course not. としっかり not を入れてあげる必要があるんです。何度か読んでくださいね。すぐに慣れるから。

Check Point 5. not を繰り上げる

英語のクセです。クセばっかりでごめんなさい。英語では「思う」系の動詞（think、believe など）と共に not が使われるとき、その場所にクセがあるんです。次のペアを眺めてみましょう。どちらが自然な文だと思いますか？

ⓐ I do**n't** think it's right. （それが正しいとは思わない）
ⓐ´ I think it's **not** right. （それは正しくはないと思う）

I don't think it's ~~right.~~ (notが右のrightの位置から左のthinkの前に繰り上がる矢印)

実際には「思ってた」んだから、ⓐ´の方が論理的には正しいはずなんだけど、答えはⓐ。思考系の動詞の場合、not を繰り上げて思考動詞を否定してあげるほうが、ネイティブにははるかに標準的、自然なんです。

ⓑ I don't believe we've met.（[×] I believe we've not met.）
（これまでお目にかかったことはありませんね）

ただこのクセはね、まるで無意味なクセではありません。not を前に繰り上げて I think/I don't think とすることによって、その後話がどう展開するのか―肯定するのか否定するのか―が先取りしてわかるという大きな利点があるのです。心の準備ができるってことですね。

ちなみに、ⓐ´の形。絶対に使われることはないかというと、そうではありません。

ⓒ A: I can't believe they cut our bonus without even warning us.
B: Yeah. **I don't think it's right.**
A: I guess we are in a recession, though.
B: Maybe, but **I (still) think it's NOT right.**
（A: 僕らに何も言わずにボーナスカットするなんて、信じられないよ。 B: うん。それは正しいことだとは思えないな。 A: だけど今景気は悪いだろ？ B: そうかもしれない。だけどやっぱりそれは全然正しくないことだと思うよ）

B の発言、not が元の場所に置かれています。理解の便よりも「そうではない」をしっかりと伝えることに重さが置かれた強い表現となっているのです。

●重要なその他の表現●

副詞 THERE＋BE [ある・いる]

■基本イメージ

ふぅっと引き込む

「〜がある・いる」でおなじみの there + be。イメージは「ふぅっと引き込む」。

Watch out! **There's** a wasp in your hair!
（気をつけて、髪にハチがいるよ！）

　初めて話題に上る事物を、「〜がいてね」「〜があってね」と話題のなかに引っ張り込んでくるときに使われる形、それが there + be。

A wasp is in your hair.

　こんなふうに初めて話題に出す事物（a wasp）を主語にもってくると、聞き手は面食らってしまいます。there でココロの準備をさせてあげているんですよ。「こんな人がいてね」「あんなものがあってね」をふぅっと話題に引っぱりこむ、それが there のキモチです。

check point 1.　there + be はいつでも使えるわけじゃない

　実は、there + be は「〜がいる・ある」という内容の文すべてに使えるわけではありません。

ⓐ [×] There is **the dog/he/Taro** in the park.
（その犬／彼／太郎が公園にいます）

　ほら、どの名詞も「すでに話題に上ったもの」ですね。the...、he は聞き手が「アレか！」とわからないと使えませんし、お互いよく知っているからこそ固有名（Taro）を使うことができるので

253

す。どれも初めてじゃない。「ふぅぅっと」話題に引き込む必要はありません。

ⓑ **The dog/he/Taro** is in the park.

で十分なんですよ。

check point 2.　むかしむかしあるところに...

there + beは昔話の冒頭に好んで使われます。さて、どうしてなんでしょう。わかりますか？

Once upon a time in England, **there was** a prince called Henry.
(むかしむかしあるところにヘンリーという王子様がいました)

はは。それはあたりまえ。物語の冒頭には誰も―当然ですが―出てきていません。そこに「こんな人がいてね」「あんな人もいてね」と登場人物をひっぱりこんでくる必要がある。だからthereが好んで使われるんですよ。ほら、正しいイメージがわかるともっともっと深く英語がわかってくるんですよ。

check point 3.　be 動詞はうしろの名詞に一致する

there + be では、be 動詞は主語ではなく後ろの名詞（が単数か複数か）によって決まります。みなさん不思議だったでしょう？

ⓐ There **is a boy** in the garden.
　　　　単数

ⓑ There **are boys** in the garden.
　　　　複数

でもね、ネイティブは不思議には思わないんですよ、まったく。それは「a boy（boys）がいてね」と、この文では後ろの名詞が主人公だからです。a boy（boys）が（心理的な）主語。thereはそれを引っ張り込むための前置きにすぎない、だからこそ、動詞が後ろの名詞と一致しても、何も不思議を感じないんです。

●重要なその他の表現●

代名詞 THAT [あれ]

■基本イメージ

指す

that は「あれ」。その場にあるものを指します。もう少し言葉を足すとすれば、相手の注意・関心をあるものに「導く」感触をもった単語なのです。

Look at **that**. (あれ見てごらん)

ただそれだけのイメージ。ですが、この単純なイメージが実に豊かな使い途をもつのです。

Check Point 1. that は「あれ」だけじゃない

that はとても豊かな単語。「あれ」という日本語訳を「指す感触」に置き換えてください。すぐに次のような文が作れるようになります。

ⓐ Sorry, but I couldn't find the cheese you wanted.—**That**'s all right.
(ごめん、頼まれたチーズ見つからなかったよ——いいよ。だいじょうぶ)

ⓑ I'm 56. — Eh? I didn't think you were **that** old!
(僕56なんだ。——え？ そんなに年取ってるとは思わなかったな)

ⓒ By tomorrow? There's no way I can finish it **that** quickly. (明日まで？ そんなにすばやく終われないよ)

ⓓ Spontaneity is **that** quality I most admire in her performances.
(僕がもっともすばらしく思うのは、彼女の演技の自然なところさ)

ⓐ–ⓒは相手の発言内容を「指して」、「それはだいじょうぶ」「そんなに年取った」「そんなにすばやく」。ⓓでは、普通は the を用いるべきところですが、大きな強調を与えるために、「そのクオリティなんだよ」と that で「指して」あげているのです。

Check Point 2.　導く that ① I think that... 文

　that の「相手の注意・関心を導く感触」は、文を導入する働きを生みだしています。次のような形。

ⓐ I think **that** you have made amazing progress.
　（君はすばらしく進歩したと思うよ）

　この that はしばしば「I think (that)... 文」などと紹介されますが、意味がないわけではありません。think 以下の内容に相手を、滑らかにそして間違いなく「導く」感触と共に使われているのです。次の文、みなさんはどう感じますか？

ⓑ I think **that** Lucy is stupid.（ルーシーはバカだと思うよ）

　もしこの文に「あれ？」とちょっとした違和感を感じたとしたなら、それはネイティブと同じ感覚です。「ルーシーはバカだ」という単純な内容を「何を思っているかというとね...」と滑らかに正確に導いてやる必要がどこにあるでしょうか。ありませんよね。that がない方がずっと自然なんです。

　こうした that はフォーマルな文章に好んで使われます。そうした文章では、文意を紛れなくまちがいなく伝えるために、相手の手を取って正確に「導く」必要があるからです。that のもつ感触を確かめながら次の文章を読んでみましょう。

●重要なその他の表現●

> Dear Sir/Madam
> Having received no reply to my previous letters, it seems clear **that** you have no interest in dealing with complaints about your services. I can only repeat **that** I am deeply disappointed by your attitude.
> As I already wrote, I feel **that** I am entitled to full compensation for the disastrous holiday, and I'm informing you **that** if I do not receive satisfaction, I shall be forced to take the matter further.
>
> (拝啓
> 　先にお送りした手紙に未だご返答をいただいていないようです。貴社サービスに対する苦情にはまるで興味をお持ちでないことがよくわかり、さらに失望の度を深めております。
> 　先に書きました通り、災厄ともいえる休暇に対して十分な補償をいただくことは当然のことと拝察しております。もし満足できるお答えをいただけない場合、こちらとしては事を荒立てざるをえません。ご承知おきくださいますよう。)
> 　　　　　　　　　　　　　＊ちびっとだけ意訳してます

Check Point 3. 導く that ② その他

　文を導く that。他にもいろいろありますよ。どの that も同じ「導く」感触で使われています。

【名詞を文で説明 (同格)】
ⓐ I heard a rumor **that** Lisa is getting divorced.
　(リサが離婚する予定だという噂を聞いたよ)

　rumor (噂) の内容について「どういう噂かというと」と導いています。

【文主語】
ⓑ **That** one of my neighbors was arrested for murder took me completely by surprise.

（近所の人が殺人の疑いで逮捕されたことは、ものすごい驚きだった）

主語が「近所の人が殺人の疑いで逮捕された」という文。この文が何についてのものか、という主題に聞き手をまず導いています。「that... murderがこの文の主題（主語）なんだな」と相手に明確に伝えているんです。この形だけは that を省略することができません。

ⓒ [×] One of my neighbors was arrested for murder took me completely by surprise.

これじゃ文の形が全然わかんなくなってしまいます。murderまで読んで「ああ捕まったんだな」と文が終わったつもりでいるところに took。突然動詞が出てきてしまうわけですから。

【It... that...】
ⓓ It's sad **that** you have to leave so soon.
（君が行かなくちゃならないなんて寂しい）

It's sad で「悲しいんだよ」。何が悲しいかというと……と、that 以下に導いています。

☞ IT (p.259)

【so... that...】
ⓔ I was so angry **that** I kicked the door and broke my toe!
（ものすごく腹が立ったからドアを蹴ったらつま先骨折。）

うーむ。いたそ。

「とっても腹が立ったのでどうなったかというと」と、その結果に滑らかに導いています。「so... that」という熟語でおなじみのこの形ですが、もちろん that は入れなくてもいいんですよ。「導く」感触を加える必要がなければね。

☞ SO (p.189)

●重要なその他の表現●

Check Point 4. 導く that ③「関係代名詞」の that

that の意味が「導く」にあることがわかれば、学校で「モノでも人でも使える、便利な関係代名詞の that」といわれてきたものの正体がわかります。

ⓐ This is the dog **that** my father loves.（私の父が好きな犬）

that は who や which とは根本からまったくちがいます。ただ単に「導いている」だけ。上の文は「これは犬です」の「犬」を、「どういう犬かというとね」と犬に関する説明に導いているにすぎません。that のない、This is the dog my father loves. に比べて、文がずっと滑らかに結びついているんですよ。that が「モノでも人」でも使えるのも当たり前。だって、ただ導いてあげているだけなのですからね。モノでも人でも関係ありません。

ⓑ This is the dog/the girl **that** my father loves.
（私の父が好きな犬／少女）

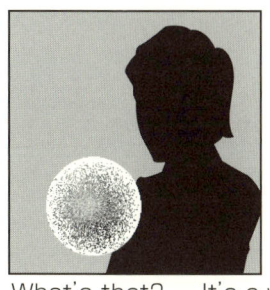

代名詞 IT ［それ］

■基本イメージ

受ける

「それ」と訳すことがありますが、it は「指す」単語ではありません。「受ける」単語なんですよ。次の it は、相手の「that」を受けています。

What's that? — It's a wine fridge.
（アレなに？――ワイン冷蔵庫だよ）

話にのぼった that（あれ）を受けて、「冷蔵庫だよ」と述べているのです。同じ場面で「指す」単語、that を使ったらガラッと感触が変わります。

That's a wine fridge の場合、冷蔵庫を指して、「あれは冷蔵庫だよ」。ほら、ずいぶんちがうでしょう？

check point 1. 発言ー状況を受ける

it はたいへん気楽な単語です。大切なのは「受ける」という感覚だけ。名詞でも状況でも、自由に受けていいんですよ。

ⓐ My neighbors have a really noisy dog. I hate it.【「犬」を受けて】
（近所の人、ホントにうるさい犬を飼っているんだ。大嫌いだよ）
ⓑ You are the best. There's no doubt about it.【「君が一番」を受けて】
（君がベストだ。まちがいないよ）

むずかしく考える必要はありません。話題に上っているもの、それを受けたいなら it を使えばいいんです。it はことばにすらなっていないその場の状況を受けることもできます。

●重要なその他の表現●

Situation
デートに30分も遅刻してきたボーイフレンド。あなたの険悪な表情を見たカレは……、

ⓒ Sorry. I'll make **it** up to you.（ごめん。埋め合わせするよ）

次のよく知られた日常会話の例も、同じフィール。

【ドアがノックされて】
ⓓ Who is **it**?（誰？）
【電話をとって】
ⓔ Who is **it**?（誰？）

「なぜ Who are you? じゃないの？」という質問をよく受けますが、 Who is it? と Who are you? はちがいます。 Who are you? は面と向かって「あなた誰？」。知らない人に言うことば。 Who is it? は「ドアがノックされている状況」「電話で声が聞こえている状況」を漠然と受けて、「それは誰？」ということなんですよ。

check point 2. 天候や時間などの it

it がよく使われるケースに天候や時間などがあります。こうした例も、典型的な「受ける」使い方。

ⓐ **It**'s 5 o'clock now.
　（今5時だよ）
ⓑ **It**'s raining outside.
　（外は雨が降ってる）
ⓒ **It**'s already dark.
　（もう暗いよ）

その場の状況を it で受けています。自分のおかれた状況を感じ取って、「5時だよ」「暗いよ」というわけですね。

check point 3.　it を相手と共有する

it は何でも受けることができる、たいへん便利な万能語です。ただ、そこにはどうしても守っていただきたいことがあります。次の会話を見てみましょう。

ⓐ A: I got **it** mended.
　（直してもらったんだよ）
　B: Huh? Got WHAT mended?
　（はぁ？　一体ナニなおしてもらったの？）
　A: Oh, sorry. My watch.
　（あ。ごめん、時計だよ）

最初の文の it はとてもおかしく響きます。このおかしさは、次の文のおかしさとまったく同じです。

ⓑ A: Do you know what? I met **him**!!
　（何だと思う？　彼に会ったの！！）
　B: Huh? Who is HE?　（はぁ？　カレって誰？）

誰のことなのかまったく示さないまま、him（かれ）と使うことはできませんよね。同じように it も、何を受けているのか相手にわからなくては困るのです。it は共有する単語。独りよがりはダメってこと。当然ですよね？

check point 4.　心に浮かんだことを受ける――そして共有する

it は「受けの万能語」。相手の発言内容を受けるだけでなく、自分の心のなかを受けることすらできます。これができるようになれば、it は本当に便利に使えるようになるんですよ。

「ここからサグラダファミリア教会まではほとんど5マイルある」。この文をゆっくり私と作ってみましょう。「教会までの距離」を漠然と想像してください、それを it で受けて文を始めます。

ⓐ It's almost 5 miles.（ほとんど5マイルあるんだよ）

だけどこれでは独りよがり。「何が」5マイルなのか、さっぱりわかりませんよね。共有のためにことばを足してあげましょう。

ⓐ´ It's almost 5 miles **from here to Sagrada Familia**.（サグラダファミリアまではここからほとんど5マイルあります）

これなら OK。相手にもみなさんが何を it で受けたのかわかります。「心のなかを受ける――共有する」、このリズムは it の莫大な用例を支えています。

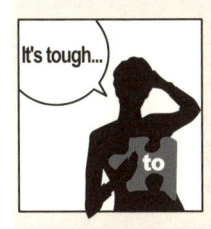

■ It...(for)... to... の文

中学校必須の構文 It...(for)...to は通常、「it は形式的に挿入された主語で、本来の主語は to 以下」などと説明されています。

ⓑ <u>It</u> is tough **to speak French**.
　形式主語　　　真主語（「～すること」と訳す）

ですが本当に、ネイティブは「形式主語」だの「真主語」だの考えてこの形を使っているのでしょうか。はは。そんなはずはありませんね。ネイティブのリズムは至って単純。「心のなかを受けて――共有する」ですよ。

話し手は、自分の心に浮かんだ状況を受けて「たいへんなんだよね（it's tough）」と文を始めています。でもそれでは相手には「何がたいへんなんだか」伝わりません。そこで「フランス語話すのはね（to speak French）」とおぎなっているだけのことなんですよ。to 不定詞は「足りないをおぎなう」でしたね。

☞ **TO 不定詞（to ＋ 動詞原形）(p.171)**

■ 強調構文

次は「強調構文」と呼ばれることもある it の使い方。

ⓒ **It** was Tom that burnt the toast yesterday.

(トムだったんだよ、昨日トーストこがしたの)

ⓓ It was the toast that Tom burned yesterday.
(トーストだったんだよ、昨日トムがこがしたの)

ⓔ It was yesterday that Tom burned the toast.

(昨日だったんだよ、トムがトーストこがしたの)

ⓒ－ⓔは、Tom burned the toast yesterday.（トムは昨日トーストこがしました）の各要素を強調した形。もうみなさんは、この it の気持ちがわかりますね？ そう、たとえばⓒは昨日のできごとを思い出しながら、それを受け、It was Tom（トムだったんだよ）で文を始めています。もちろんそれだけでは相手にはわからないから、that burnt the toast yesterday（トーストこがしたのはね）という説明に導いている（that）、というわけですよ。

■ 主語以外だって

もちろん「心のなかを受けて——共有する」のリズムは主語位置の it に限られているわけではありません。

ⓕ He made it totally clear that he wouldn't marry her.
(彼は彼女とは結婚しないと明言した)

ⓖ I hate it when you leave the toilet seat up!
(あなたが便座あげたままにしてるの、すっごく嫌いなんだ！)

ⓗ He left it to me to clean up the mess.
(彼は片付けを僕に押しつけて出ていった)

すべて、心に浮かんだ状況をまず it で受けて——そのあと共有する、というリズムでできあがっていることがわかりますよね。このリズム、是非身につけてくださいね。

索引

【A】
a few 9
a little/a little bit 9, 235
a lot of 13
a(n) 28
about 131, 164
above 133, 167
absolutely 233
acquire 58
across 134
after 135, 156
against 137
all 32
allow 81
along 138
already 246
although 196
always 236
among 139, 146
and 185
any 35, 243
anybody 36
argue 75
around 140
as 193
ask 78
assume 99
at 142

【B】
backward 175
barely 235
be able to 114, 132
be anxious for 151
be based on 165
be going to 124, 219
because 191
before 144
beg 79
behind 145
believe 96
belong 69
between 148
beyond 147
beyond description 147
beyond repair 147
break 66
bring 50
build 64
but 187
buy 57
by 148

【C】
can 111
carry 51
catch 58
certainly 238
chat 75
come 47
come across 135
concentrate on 165
consider 98
construct 65
could 213
count on 165
create 64

【D】
day by day 149

definitely 238
depend on 165
destroy 66
develop 66
die for 151
different from/than 154
discover 92
discuss 75
doubt 100
drive 51
during 150

【E】
each 34
earn 58
emphasis on 165
even 245
even so 245
ever 224
every 33, 236
everybody 36
expect 97

【F】
fairly 234
feel 90
find 91
for 151
form 65
forward 175
frequently 236
from 153
from time to time 236

【G】
gain 58
get 55
get along 138

give 59
go 45
grant 81
guess 98

【H】
had better/best 127
hang around 141
hardly 235
hardly ever 237
have 67
have to 108, 123
hear 88
homeward 175
hope 103
how come...? 48
however 243

【I】
if 197
imagine 98
in 155
in front of 144
influence on 165
into 157
it 258, 259
it...(for)...to 263
it...that... 258

【J】
Just 240, 249

【K】
know 93

【L】
laugh at 143
lay 71

leave 51
let 80, 120
listen 87
little by little 148
long for 151
look 82
look after 136
look at 143
look for 151

[M]
make 62
many 9
may 109, 113, 114
maybe 239
might 213
much 9
must 107, 110, 121, 122, 123

[N]
name after 136
nearly always 236
never 237, 244
no 15, 42
not 248
not~any... 36
notice 92
now and then 236

[O]
obtain 59
occasionally 236
of 158
often 236
on 131, 162
on and on 164
on business 163
on duty 163

on holiday 163
on sale 163
on vacation 163
or 186
order 79
ought to 122
over 166
own 69

[P]
pass 52
perhaps 239
permit 81
persuade 79
place 71
play around 142
posess 69
possibly 239
present 61
presume 100
pretty 234
probably 239
produce 64
provide 61
put 70

[Q]
quite 235

[R]
rarely 237
rather 234
realize 93
really 234
receive 57
recognize 92
rely on 165
round 140

ruin 67
run 50
run across 134

【S】

say 76
see 85
seldom 237
serch for 151
set 72
several 41
shall 118
should 121
since 192
smell 89
so 189, 234, 258
so〜that... 189, 258
some 35, 37
someone 37
something 37
sometimes 236
somewhere 37
speak 72
step by step 149
supply 61
suppose 99
surely 238
suspect 101

【T】

take 52
talk 73
taste 90
tell 77
that 189, 255
the 20
there 253
think 96

though 196
through 176
to 168
to 不定詞 170, 263
toward(s) 175
trust 101

【U】

under 177
under construction 178
under discussion 178
under repair 178
under way 178
until 148
used to 127
usually 236

【V】

very 189, 233

【W】

wait for 151
want 102
watch 84
whatever 243
when 201
whenever 243
whether 200
while 202
whole 32
will 115, 125
wish 103
with 178
within 180
without 181
wonder 100
would 128, 213
would like/love 103

【Y】
yet 246

100% 238
過去完了形 207, 228
過去完了進行形 229
過去形 207, 212
過去進行形 208, 216
可算・不可算 9
仮定法 214
関係代名詞 259

冠詞 17
強調構文 263
現在完了形 46, 207, 223
現在完了進行形 229
現在形 116, 207, 209
現在進行形 208, 216
単数・複数 14
部分否定 250
未来完了形 228
無冠詞 18

おわりに

　おつかれさま。イメージワードブック、楽しんでいただけたでしょうか。英単語は、いろんな用法がごちゃまぜになった得体の知れないものではありません。核となるイメージさえ押さえれば、すべての用法・用例は自然に流れ出てきます。楽に使いこなすことができます。みなさんに「英語ってそんなにむずかしいものじゃないな」と思っていただけたとしたら、著者として望外のよろこびです。末永くお手元においてかわいがってあげてくださいね。

　「パパ、辻って人から電話だよ」
　「パパは火星に旅立っていったといいなさい」

　最後になりましたが、青灯社の辻一三氏に深く感謝したいと思います。この本は企画からすでに3年が経ち、途中、「やめよっかな」と思ったことも1度や2度ではありません。「この電話絶対出るのやめよう」と思ったことも3度や4度ではありません。〆切をブッチしたのも5度や……。氏の辛抱強さがなければ本書は絶対に日の目を見ることはなかったでしょう。大感謝、です。

　さて、イメージ話にもケリがついたし。
これから何しようかな？
とりあえずクリスと飲みながら考えよっと。
それではまた。ちゃお。

Paul C. McVay　　　　　　　　　　　　大西泰斗

英単語イメージハンドブック

2008年10月5日　第1刷発行
2024年9月30日　第17刷発行

著者　　大西泰斗／ポール・マクベイ

発行者　辻一三

発行所　株式会社 青灯社
東京都新宿区新宿1-4-13
郵便番号160-0022
電話03-5368-6923（編集）
　　　03-5368-6550（販売）
URL http://www.seitosha-p.co.jp
振替　00120-8-260856

印刷・製本　モリモト印刷株式会社
© Hiroto Onishi & Paul McVay, Printed in Japan
ISBN978-4-86228-025-1 C1082

小社ロゴは、田中恭吉「ろうそく」（和歌山県立近代美術館所蔵）をもとに、菊地信義氏が作成

大西泰斗（おおにし・ひろと）　現在、東洋学園大学教授。筑波大学大学院文芸言語研究科博士課程修了。96-97年、オックスフォード大学言語研究所客員研究員。専攻、英語学。

ポール・マクベイ Paul Chris McVay　現在、麗澤大学教授。英国プレスコット出身。オックスフォード大学MA（修士号）取得後、英国、オーストラリア、スペイン、日本で語学教育に携わる。

両者の共著『ネイティブスピーカーシリーズ』（8冊）（研究社）『みるみる身につく！ イメージ英語革命』（講談社）『ハートで感じる英文法 決定版』（NHK出版）『一億人の英文法』（東進ブックス）ほか

●青灯社の英語の本

英単語イメージハンドブック

大西泰斗（東洋学園大学教授）

1冊ですべてが分かる集大成。基本語彙の意味や用法を暗記ではなく、感覚でとらえる。　　　　　　　　　　　　　　　定価1800円＋税

英語力が飛躍するレッスン
～音読・暗写・多読のメソッド公開

今井康人（立命館中学校・高等学校教諭）

音読を中心に、多数の高校生で実証された本物の英語上達法。
　　　　　　　　　　　　　　　　　　　　　　　定価1429円＋税

第一歩からの英会話　旅行編／交友編

妻鳥千鶴子（アルカディアコミュニケーションズ主宰、近畿大学講師）

旅行編：海外旅行に必要な文型と単語を網羅。海外旅行が何倍も楽しくなる。
交友編：〈旅行編〉よりやや進んだ英会話入門。これで外国人と友達になれる。
旅行編、交友編2冊で英会話初級入門の決定版。　　定価各1500円＋税

語源で覚える英単語3600

藤井俊勝（東北福祉大学教授）

接頭辞19種と語根200種の組み合わせで系統的に覚える、認知脳科学者の単語増強法。　　　　　　　　　　　　　　　　定価1700円＋税

英語のかけ込み寺 I 単語をうまく使う
～TOEIC400点台から900点へ　II 簡潔な文をつくる
　　　　　　　　　　　　　　III 国際英語の仲間入り

片野拓夫（英語のかけ込み寺主宰）

TOEIC800点台が続出。本気の英語学習者向け、カリスマ講師の全3冊決定版。
　　　　　　　　　　　　　　　　　　　　　　　定価各2000円＋税